Excelência no atendimento
ao cliente

Central de Qualidade — FGV Management
ouvidoria@fgv.br

SÉRIE CADEMP

Excelência no atendimento
ao cliente

Sylvia Helena Constant Vergara
Denize Ferreira Rodrigues
Helena Correa Tonet

Copyright © 2014 Sylvia Helena Constant Vergara, Denize Ferreira Rodrigues, Helena Correa Tonet.

Direitos desta edição reservados à
EDITORA FGV
Rua Jornalista Orlando Dantas, 37
22231-010 — Rio de Janeiro, RJ — Brasil
Tels.: 0800-021-7777 — (21) 3799-4427
Fax: (21) 3799-4430
e-mail: editora@fgv.br — pedidoseditora@fgv.br
web site: www.fgv.br/editora

Impresso no Brasil / *Printed in Brazil*

Todos os direitos reservados. A reprodução não autorizada desta publicação, no todo ou em parte, constitui violação do copyright (Lei nº 9.610/98).

Os conceitos emitidos neste livro são de inteira responsabilidade dos autores.
1ª edição – 2014.

Revisão de originais: Sandra Frank
Editoração eletrônica: FA Studio
Revisão: Fernanda Villa Nova de Mello e Jun Shimada
Capa: aspecto:design
Foto: © Arne9001 | Dreamstime.com

> Vergara, Sylvia Constant
> Excelência no atendimento ao cliente / Sylvia Constant Vergara, Denize Ferreira Rodrigues, Helena Correa Tonet. – Rio de Janeiro : Editora FGV, 2014.
>
> 196 p. – (Série CADEMP (FGV Management))
>
> Publicações FGV Management.
> Inclui bibliografia.
> ISBN: 978-85-225-1547-9
>
> 1. Serviço ao cliente. 2. Clientes – Contatos. 3. Responsabilidade social da empresa. 4. Comunicação interpessoal. 5. Grupos de trabalho. 6. Liderança. I. Rodrigues, Denize Ferreira. II. Tonet, Helena Correa. III. Fundação Getulio Vargas. IV. FGV Management. V. Título. VI. Série.

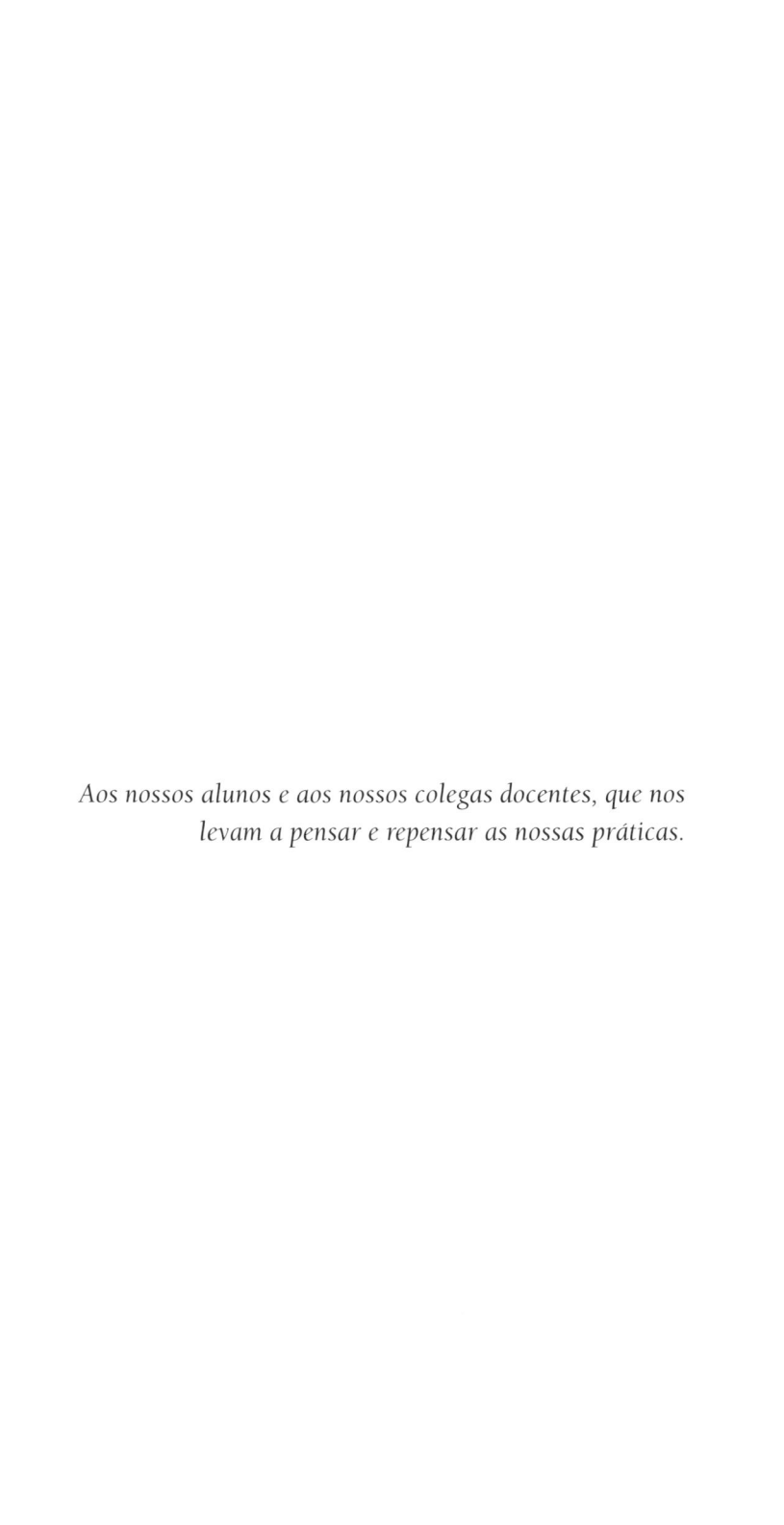

Aos nossos alunos e aos nossos colegas docentes, que nos levam a pensar e repensar as nossas práticas.

Sumário

Apresentação   11

Introdução   15

1 | Evolução do relacionamento do cliente com a empresa   19
   Da Idade Média até 1940   20
   De 1940 até 1970   24
   De 1970 até 1990   27
   De 1990 até 2000   29
   De 2000 até os dias atuais   37

2 | Complexidade das relações humanas   49
   Desafios no atendimento ao cliente   50
   Expectativa do cliente quanto aos serviços prestados pelas empresas   53
   Necessidade e desejo   56
   Identificação e confiança na construção do relacionamento com o cliente   58

Percepção do cliente no atendimento   60
Transferência de sentimento   63
Lidando com o cliente que reclama dos serviços prestados   65
Múltiplas inteligências   68
Importância do autoconhecimento   70

3 | Código de ética e responsabilidade social   73

Fundamentos da ética   74
Juizados especiais cíveis e Procon   83
Responsabilidade social   86
Relatório de sustentabilidade e balanço social   87
Norma SA 8000   91
Instituto Ethos   93
ISO 14000   94

4 | Comunicação interpessoal   99

A relevância da comunicação interpessoal   99
Comunicação verbal e não verbal   100
A importância da comunicação verbal e não verbal na relação entre cliente e empresa   102
Influência das emoções na comunicação com o cliente   103
Necessidade de atender bem o cliente e o cidadão usuário   107
Insatisfação do cliente   109
Estilos conversacionais e regras de polidez   110
Polidez nos relacionamentos e no atendimento   114
Comunicação ao telefone   115
Comunicação por e-mail   119
Exigência de comunicação nas redes sociais   121

5 | Desenvolvimento de equipe   127
   Formação do grupo de trabalho   128
   Evolução do grupo de trabalho rumo à equipe   130
   Bases para o bom funcionamento de equipes   134
   Equipes de alto desempenho   140
   Feedback para a equipe   141
   Desafios e soluções em equipes   144

6 | Liderança para excelência no atendimento   153
   Liderança e chefia   154
   Estilos de liderança   155
   Exercício do poder   159
   Desenvolvimento da liderança   161
   Competências de liderança para o atendimento ao cliente   164
   O líder despertando motivação na equipe que atende clientes   174

Conclusão   179

Referências   183

Os autores   195

Apresentação

Este livro compõe as Publicações FGV Management, programa de educação continuada da Fundação Getulio Vargas (FGV)..

A FGV é uma instituição de direito privado, com mais de meio século de existência, gerando conhecimento por meio da pesquisa, transmitindo informações e formando habilidades por meio da educação, prestando assistência técnica às organizações e contribuindo para um Brasil sustentável e competitivo no cenário internacional.

A estrutura acadêmica da FGV é composta por nove escolas e institutos, a saber: Escola Brasileira de Administração Pública e de Empresas (Ebape), dirigida pelo professor Flavio Carvalho de Vasconcelos; Escola de Administração de Empresas de São Paulo (Eaesp), dirigida pela professora Maria Tereza Leme Fleury; Escola de Pós-Graduação em Economia (EPGE), dirigida pelo professor Rubens Penha Cysne; Centro de Pesquisa e Documentação de História Contemporânea do Brasil (Cpdoc), dirigido pelo professor Celso Castro; Escola de Direito de São Paulo (Direito GV), dirigida pelo professor Oscar Vilhena Vieira; Escola de Direito do Rio de Janeiro (Direito Rio), dirigida pelo professor Joaquim Falcão; Escola de Economia de São Paulo (Eesp), dirigida pelo professor Yoshiaki Nakano; Instituto Brasileiro de Economia (Ibre), dirigido pelo professor Luiz Guilherme Schymura de Oliveira; e Escola de Matemática Aplicada (Emap), dirigida pela professora Maria Izabel Tavares Gramacho. São diversas unidades com a marca FGV, trabalhando com a mesma filosofia: gerar e disseminar o conhecimento pelo país.

Dentro de suas áreas específicas de conhecimento, cada escola é responsável pela criação e elaboração dos cursos oferecidos pelo Instituto de Desenvolvimento Educacional (IDE), criado em 2003, com o objetivo de coordenar e gerenciar uma rede de distribuição única para os produtos e serviços educacionais produzidos pela FGV, por meio de suas escolas. Dirigido pelo professor Rubens Mario Alberto Wachholz, o IDE conta com a Direção de Gestão Acadêmica pela professora Maria Alice da Justa Lemos, com a Direção da Rede Management pelo professor Mário Couto Soares Pinto, com a Direção dos Cursos Corporativos pelo professor Luiz Ernesto Migliora, com a Direção dos Núcleos MGM Brasília e Rio de Janeiro pelo professor Silvio Roberto Badenes de Gouvea, com a Direção do Núcleo MGM São Paulo pelo professor Paulo Mattos de Lemos, com a Direção das Soluções Educacionais pela professora Mary Kimiko Magalhães Guimarães Murashima, e com a Direção dos Serviços Compartilhados pelo professor Gerson Lachtermacher. O IDE engloba o programa FGV Management e sua rede conveniada, distribuída em todo o país e, por meio de seus programas, desenvolve soluções em educação presencial e a distância e em treinamento corporativo customizado, prestando apoio efetivo à rede FGV, de acordo com os padrões de excelência da instituição.

Este livro representa mais um esforço da FGV em socializar seu aprendizado e suas conquistas. Ele é escrito por professores do FGV Management, profissionais de reconhecida competência acadêmica e prática, o que torna possível atender às demandas do mercado, tendo como suporte sólida fundamentação teórica.

A FGV espera, com mais essa iniciativa, oferecer a estudantes, gestores, técnicos e a todos aqueles que têm internalizado o conceito de educação continuada, tão relevante na era do conhecimento na qual se vive, insumos que, agregados às suas práticas, possam contribuir para sua especialização, atualização e aperfeiçoamento.

Rubens Mario Alberto Wachholz
Diretor do Instituto de Desenvolvimento Educacional

Sylvia Constant Vergara
Coordenadora das Publicações FGV Management

Introdução

O objetivo deste livro é contribuir para a melhoria do relacionamento entre a empresa e o cliente. O avanço tecnológico, a globalização da economia, o poder concentrado em grandes empresas e a responsabilidade social corporativa trazem ao ambiente de negócios um movimento que configura novas relações. Tais relações expressam um elevado nível de exigência do cliente e a busca pelo respeito aos seus direitos no que se refere a serviços oferecidos pela empresa. Longe de se configurar como uma ameaça, tal exigência deve ser vista como uma rara oportunidade de negócios.

Nessa nova era, mudanças são profundas e velozes, e as pessoas são o recurso mais importante das organizações, logo, devem preparar-se para prestar o melhor atendimento ao cliente, o que só ocorre com o empenho de todos. Uma empresa focada no cliente revê estratégias, processos de trabalho e políticas de gestão de pessoas.

O primeiro capítulo deste livro aborda a evolução do relacionamento do cliente com a empresa, apresentando os fatores sociais, econômicos, políticos e tecnológicos que influenciaram tal relacionamento desde a Idade Media até os dias atuais.

O segundo capítulo apresenta a complexidade das relações humanas, a importância de atender às expectativas, necessidades e desejos do cliente, a questão da identificação e da construção do relacionamento de confiança, a percepção do cliente no atendimento, sua mudança de sentimento como um fator inconsciente. O capítulo também trata das formas de lidar com a reclamação do cliente, da importância do desenvolvimento de inteligências interpessoal e intrapessoal e da busca do autoconhecimento por parte das pessoas que atendem aos clientes.

O terceiro capítulo apresenta a importância do código de ética nas organizações e os direitos dos consumidores, a atuação dos órgãos judiciais e de defesa do consumidor, como o Procon, o relatório de sustentabilidade e balanço social, a Norma SA 8000, os Indicadores Ethos e a ISO 14000.

O quarto capítulo trata da comunicação interpessoal como requisito para o bom desempenho de pessoas e organizações, destacando a importância da comunicação verbal e não verbal na relação com os clientes, a influência das emoções na comunicação, além de questões referentes, especificamente, às emoções de alegria, tristeza, gratidão, raiva e medo. O capítulo aborda ainda os estilos conversacionais e regras de polidez e indica procedimentos de comunicação por telefone, por e-mail e nas redes sociais.

O quinto capítulo trata do desenvolvimento de equipe desde sua formação até seu desenvolvimento, aborda a necessidade de transformar o grupo de trabalho em equipe de alto desempenho, a forma de oferecer *feedback* aos membros da equipe, e indica como solucionar conflitos para alcançar a excelência no atendimento.

O sexto capítulo trata da importância da liderança para a excelência no atendimento. Discute as diferenças entre chefe e líder, trata da caracterização dos diferentes estilos de liderança e das bases de poder que alicerçam a influência que um líder exerce. Discute a capacidade de desenvolver competências de liderança, apresenta um elenco dessas competências e encerra argumentando sobre a importância das ações do líder para despertar e manter a motivação da equipe.

Finalizando, apresentamos as conclusões sobre a importância de investir em excelência no atendimento ao cliente, de modo a atraí-lo e retê-lo.

1
Evolução do relacionamento do cliente com a empresa

As relações entre cliente e empresa mudaram. Hoje, as empresas estão diante de um cliente exigente e consciente de seus direitos e deveres como cidadão. Com uma legislação específica que trata dos direitos dos consumidores e as novas tecnologias disponíveis, o cliente passa a ter instrumentos mais efetivos para defender seus direitos e até para denegrir a imagem de uma empresa caso se sinta insatisfeito. Os mesmos instrumentos também servem para indicar uma empresa que prestou um atendimento de excelência. Mas não foi sempre assim. E é dessa mudança de relacionamento entre empresa e cliente que vamos tratar neste capítulo. Afinal, a história nos ajuda a entender melhor os contextos e a busca pela excelência no atendimento ao cliente.

O capítulo apresenta os fatores sociais, econômicos, políticos e tecnológicos que influenciaram o relacionamento entre cliente e empresa desde a Idade Média até os dias atuais, enfocando alguns períodos marcantes da história. São eles: Idade Média até 1940, de 1940 até 1970, de 1970 até 1990, de 1990 até 2000 e de 2000 aos dias atuais.

Da Idade Média até 1940

A Idade Média dá algumas lições no que se refere à relação entre o artesão e o cliente. O artesão, leitor, era uma pessoa que fabricava um produto por meio de um processo manual.

Na Idade Média, tínhamos a sociedade feudal, cuja economia era baseada na agricultura de subsistência, no trabalho servil e escambo (troca). Naquela época, quando um camponês necessitava de algum artigo, como móveis, por exemplo, não recorria ao carpinteiro para fazê-lo, pois a própria família derrubava a árvore para obter madeira e a trabalhava até conseguir fazer os móveis de que necessitava. O mesmo acontecia com as roupas, pois a família tosquiava, tecia e costurava. Nas casas eclesiásticas, também havia artesãos que se tornaram hábeis em suas tarefas de tecer ou de trabalhar a madeira ou o ferro. O propósito da produção era satisfazer as necessidades domésticas (Huberman, 2012). A essa fase da organização denominou-se sistema familiar.

Na Idade Média, com o progresso das cidades e a movimentação do dinheiro, os artesãos resolveram abandonar a agricultura e viver de seu ofício. Foram para a cidade e abriram uma loja para atender a um mercado pequeno, mas em expansão. Na época, não havia necessidade de muito capital para abrir um negócio, pois a sala da casa onde o artesão morava servia como oficina de trabalho. Para progredir no ofício, bastava ter habilidade no que se propunha fazer e pessoas que comprassem seus produtos. A partir daí, iniciou-se o relacionamento com o cliente, que eles chamavam de freguês. O termo cliente, utilizado no presente livro, segundo Swift (2001) surgiu no início do século XX.

Com o aumento da produção, o artesão podia contratar aprendizes. Na Idade Média, portanto, a unidade industrial era uma pequena oficina, com um mestre artesão como empregador, trabalhando em pequena escala com seus ajudantes. Essa fase foi denominada sistema de corporações.

O artesão realizava várias funções: negociava a matéria-prima, supervisionava os aprendizes e vendia o produto acabado para o freguês. Existia proximidade entre ele e o comprador, e rápida identificação das necessidades. Era uma relação de confiança. O freguês ia ao local de trabalho do mestre artesão para fazer a encomenda.

Para expandir o comércio, surgiu a figura do intermediário, que vendia para outros fregueses, em outros lugares. Nessa fase, denominada doméstica, o mestre artesão e seus ajudantes dependiam da matéria-prima e de um intermediário, que se colocava entre eles e o freguês. Os artesãos passaram a ser tarefeiros assalariados. Houve, então, um aumento da produção e, ao mesmo tempo, um afastamento entre o produtor e o cliente. Zülzke (1991:4) afirma que, "com a expansão do comércio e da manufatura, as práticas fraudulentas em alimentos eram comuns. O alto valor das especiarias tornavam-nas [sic] atraentes para as adulterações".

A outra fase que acontece em seguida é a do sistema fabril, uma produção em grande escala realizada por um empregador e sob rigorosa supervisão. Huberman (2012:89) comenta que "o capital tornou-se mais necessário do que nunca". Nessa fase, ocorre a Revolução Industrial, que se inicia na Inglaterra. A atividade produtiva deixa de ser artesanal para ser realizada por máquinas e, com o avanço da tecnologia, torna-se possível a produção em massa e maior divisão do trabalho.

Como esclarece Huberman (2012), o capitalista é o dono dos meios de produção e compra a força de trabalho. Decorre daí a produção capitalista, que objetiva obter lucro. O capitalismo do século XIX empregava crianças e mulheres para pagar menores salários. Além disso, as jornadas de trabalho eram longas. Os capitalistas valorizavam mais as máquinas do que os trabalhadores.

Para aumentar a produtividade com uma reduzida oferta de mão de obra qualificada, Frederick Taylor (Zülzke, 1991) deu início ao desenvolvimento da administração científica, projetando métodos mais rápidos para os operários reduzirem o tempo de produção. Esse processo ocorreu em 1893 e resultou em aumento de produtividade e redução de operários (Zülzke,1991).

Por volta de 1899, a National Consumers League incentivou os consumidores a utilizar seu poder de compra selecionando produtos fabricados e comercializados por empresas que respeitavam os direitos dos trabalhadores. O movimento dos consumidores começou intimamente relacionado ao dos trabalhadores, como destaca Zülzke (1991).

A filosofia capitalista dominante nesse período não se importava com a saúde do consumidor. Veja-se, por exemplo, que foi encontrado ácido sulfúrico em vegetais enlatados e álcool etílico nas garrafas que eram vendidas como uísque. Também nessa época, os consumidores tomaram conhecimento das precárias condições de higiene da fabricação de embutidos de carnes. Isso levou o presidente Roosevelt, dos Estados Unidos, em 1906, a assinar a lei de inspeção de carne. Outras emendas foram incorporadas para ampliar a gama de produtos a serem inspecionados (Zülzke, 1991).

Chegara a época da produção em grande escala, do monopólio e dos trustes. Segundo Huberman (2012:193), "o truste é qualquer forma de organização industrial, na produção e distribuição de qualquer mercadoria, que dispõe de controle bastante da oferta desta mercadoria para modificar o preço em seu favor". O interesse era obter maiores lucros. O monopólio ocorreu na indústria e nos bancos.

Naquela época, os fabricantes produziam mais do que o mercado necessitava, pois as empresas estavam mais interessadas em destruir os concorrentes do que em direcionar o negócio para atender às necessidades e desejos dos clientes. Para ilustrar essa distância entre os interesses dos clientes e as empresas, vale a pena nos lembrarmos do empresário Henry Ford, fundador da Ford Motor Company. Em 1914, ele disse a seguinte frase sobre o Ford modelo T: "Quanto ao meu automóvel, as pessoas podem tê-lo em qualquer cor, desde que seja preta". Para a linha de produção fordista, a cor preta era a que secava mais rapidamente. Imagine, leitor, se ele falasse essa frase hoje. Com certeza, perderia muitos clientes.

Por volta de 1929, ocorreu a "grande depressão", que trouxe implicações nas relações entre empresa e cliente. A economia norte-americana tinha crescido muito, mas o poder aquisitivo da população não acompanhou esse crescimento. As ações da Bolsa de Valores de Nova York caíram drasticamente. Essa crise econômica se expandiu por toda a Europa, acarretando desemprego para milhares de cidadãos. A recessão econômica persistiu ao longo da década de 1930, quando ocorreram algumas iniciativas para proteger os consumidores. São elas: a) a criação da Consumers Research, em 1929, com o propósito de informar como os consumidores poderiam utilizar de forma correta seu dinheiro; b) o surgimento da Consumers Union, em 1936, formada por um grupo de consumidores com o intuito de divulgar testes comparativos sobre alguns produtos, como leite, cereais, brinquedos etc.

Com tais iniciativas por parte dos que defendiam os interesses dos consumidores, as empresas, na década de 1930, contrataram administradores profissionais com o intuito de gerir os negócios, levando em consideração os interesses conflitantes de trabalhadores, fornecedores e clientes. Portanto, pode-se afirmar que as empresas só passaram a demonstrar interesse em ouvir seus clientes nessa época. Antes, pouco valorizavam os anseios e necessidades dos consumidores.

De 1940 até 1970

Entre 1939 e 1945, ocorreu a II Guerra Mundial. Os países formaram dois grupos, que foram assim designados: "aliados" (Inglaterra, URSS, França e Estados Unidos) e "eixo" (Alemanha, Itália e Japão). Esse conflito terminou em 1945 com a rendição da Alemanha e da Itália. O Japão foi o último a assinar o tratado de rendição e sofreu um forte ataque dos Estados Unidos, que lançaram bombas atômicas nas cidades de Hiroshima e Nagasaki. Os prejuízos foram enormes, pois milhares de pessoas morreram e as cidades ficaram destruídas.

Em 1945, foi criada a Organização das Nações Unidas (ONU), com o objetivo de garantir a manutenção da paz entre as nações.

Alguns continentes arrasados com a guerra foram capazes de se recuperar rapidamente. Os consumidores precisavam repor o que tinham perdido. Para as empresas, o importante era produzir para atender a um mercado em crescimento, sem se preocupar com a qualidade do produto. Os clientes, por sua vez, não eram exigentes em relação à qualidade.

A ideia de disseminar práticas e métodos na área de qualidade nas empresas ocorreu em 1946, quando foi fundada, nos Estados Unidos, a American Society for Quality Control (ASQC) e, no Japão, a Japanese Union of Scientists and Engineers (JUSE).

Por volta de 1950, W. Eduards Deming, a convite da JUSE, foi ao Japão proferir palestra sobre processo de qualidade. O Japão queria reconstruir o país devastado pela guerra, conquistar novos mercados e melhorar a qualidade dos seus produtos. Em 1954, Joseph M. Juran introduziu o controle de qualidade nas empresas japonesas. A ideia do *total quality mangement* (TQM) era gerenciar com a participação de todos que trabalham na empresa para que o cliente se sentisse satisfeito com os produtos e os serviços oferecidos. Garvin (2002:59-60) conceitua qualidade usando um conjunto de elementos, como segue:

a) desempenho – refere-se às características básicas do produto; b) características – são as funções secundárias do produto, que complementam seu funcionamento; c) confiabilidade – reflete a probabilidade de mau funcionamento de um produto; d) conformidade – refere-se ao grau em que o projeto e as características operacionais de um produto estão de acordo com os padrões preestabelecidos; e) durabilidade – refere-se à vida útil de um produto, considerando suas dimensões econômicas e técnicas; f) estética – refere-se ao julgamento pessoal e ao reflexo das preferências individuais; g) qualidade percebida – refere-se à opinião subjetiva do usuário acerca do produto; h) atendimento – refere-se à rapidez, cortesia, facilidade de reparo ou substituição.

Também na década de 1950, foi desenvolvido o sistema *just in time* (JIT) pela Toyota Motors Company, no Japão (Moura e Banzato, 1994). *Just in time*, em inglês, significa "em tempo", "exatamente", "no momento estabelecido". A ideia do JIT é eliminar os desperdícios na produção, colocando o componente certo no lugar certo e na hora certa (Uhlmann, 1997). Na produção, os componentes alcançam a linha de montagem no momento em que são necessários e na quantidade exata (Ohno, 1997). Esse sistema acarreta, para a empresa, estoques menores, custos mais baixos e melhor qualidade.

Era importante introduzir esse conceito de qualidade nas empresas. Cavalieri Filho (2000) lembra que os produtos fabricados em série, em grandes quantidades, podem causar danos a milhares de consumidores. A ideia do controle de qualidade era fabricar produtos eficazes e isentos de riscos.

Na década de 1960, os consumidores enfrentavam vários problemas com os fornecedores: embalagens inadequadas, propaganda enganosa e produtos adulterados, oferecendo risco à saúde. Nesta época, foi criada a International Organization of Consumers Union (IOCU), com o objetivo de trocar informações sobre empresas que realizavam teste de produto.

Os clientes eram tão ignorados pelas empresas que foi necessário o presidente John F. Kennedy, dos Estados Unidos, em 15 de março de 1962, enviar ao Congresso uma mensagem que introduzia a conceituação dos direitos dos consumidores. São eles: o direito à segurança, à informação, à escolha do fornecedor e a ser ouvido. Portanto, era necessário levar em consideração os interesses dos clientes na gestão dos negócios.

Nos anos 1960, surgiu o telemarketing. A Ford foi uma das primeiras empresas a utilizar o telemarketing com o intuito de realizar pesquisa sobre preferências dos consumidores. O telemarketing atuava como um canal de comunicação e vendas por meio da central para atendimento a clientes. Ele poderia ser ativo ou passivo. No telemarketing ativo, a empresa entrava em contato com o cliente para oferecer um produto ou um serviço, e, no telemarketing passivo, o cliente entrava em contato com a empresa para fazer algum tipo de solicitação.

No Brasil, a Nestlé, na década de 1960, inaugurou o Centro Nestlé de Economia Doméstica, com o objetivo de dar informações, ouvir sugestões e críticas sobre os produtos. Em 2002, tal centro passou a ser chamado de Serviço Nestlé ao Consumidor (SNC). O SNC atende às solicitações dos consumidores por telefone, internet, cartas ou pessoalmente.

Outro fato importante, que ocorreu no início da década de 1970, foi a crise do petróleo, quando o mercado se deu conta de que ele era um recurso natural não renovável. Essa percepção fez o preço do barril de petróleo aumentar, provocando recessão e desestabilizando a economia mundial. As empresas foram afetadas com a queda no consumo, pois já não se vendia mais com tanta facilidade. Conquistar os clientes, que não eram valorizados pelas empresas havia longos anos, fazia-se necessário.

Também foi na década de 1970 que os produtos fabricados no Japão despontaram, principalmente os automóveis e televisores, superando os produtos de fabricação norte-americana. Por conta da recessão, os consumidores passaram a ser mais exigentes. A qualidade dos produtos e o preço passaram a ser fatores importantes na decisão de compra. Mas as empresas apresentavam sérias dificuldades quanto a ouvir seus clientes e entender suas necessidades (Zülzke, 1991).

De 1970 até 1990

No Brasil, o governo federal (1974-1979) resolveu adotar uma política de restrição à importação para fortalecer a iniciativa privada. Se, por um lado, a taxa de emprego aumentou, por outro lado, as empresas perderam sua capacidade competitiva em escala global, e os consumidores ficaram sem muitas opções para adquirir produtos de qualidade. Vergara (2003) menciona que o Brasil praticava um capitalismo com má distribuição de renda, e o acesso ao consumo de bens individuais e coletivos era restrito.

As inúmeras queixas dos consumidores quanto à qualidade dos produtos e serviços levou o governo do estado de São Paulo a criar, em 1976, o Procon, como um órgão consultivo do sistema de proteção e defesa do consumidor. Em 1978, a maioria das reclamações dos consumidores eram sobre alimentos, eletrodomésticos, serviços públicos, imóveis e propaganda enganosa (Zülzke, 1991).

Um fato que favoreceu os consumidores brasileiros em 1978 foi a obrigatoriedade da indicação do prazo de validade nos produtos perecíveis. Para fazer constar essa informação, os órgãos de defesa, burocratas do governo e executivos de empresas tiveram de travar uma grande luta. Zülzke (1991:30) esclarece que a alegação era que "a educação do povo mal lhe permite ler rótulos". Pode-se inferir daí que zelar pela saúde de clientes que adquirem produtos perecíveis não era importante para a gestão estratégica de algumas empresas.

Em 1982, a Sadia criou o Serviço de Informação ao Consumidor com o objetivo de fornecer orientação e informação sobre fabricação, conservação, embalagem, manuseio e preparo de alimentos.

Em 1983, a Nestlé passou a divulgar o 0800 (discagem direta gratuita – DDG) nos rótulos dos produtos para os consumidores entrarem em contato. Nessa época, surgia um consumidor ávido por se manifestar mais sobre os produtos que as empresas ofereciam (Zülzke, 1991). Diante disso, para poder atendê-los, a Nestlé teve de criar canais de comunicação.

Em 1985, surgiu a primeira ouvidoria no setor privado brasileiro, pelo laboratório farmacêutico da Rhodia (Norões, 2002). O *ombudsman* (ouvidor), na iniciativa privada, visava intermediar as relações entre empresas e consumidores. Para incentivar os consumidores, a Rhodia fez a seguinte campanha: "Você fala e a Rhodia escuta". A empresa contratou Maria Lúcia Zülzke, autora do livro *Abrindo a empresa para o consumidor*, publicado em 1990, como a primeira ouvidora privada no Brasil. Tal iniciativa da Rhodia levou algumas empresas a abrir um canal de contato mais efetivo com o consumidor.

Em 1986, as empresas públicas, pelo Decreto nº 93.714, criaram as ouvidorias no setor público para defesa de direitos do cidadão contra abusos, erros e omissões da administração federal (Gabra e Rossi, 2007). A Prefeitura de Curitiba foi a primeira a oferecer um serviço de atendimento ao cidadão. A finalidade da ouvidoria era estabelecer um elo entre o cidadão e a administração pública. A figura do ouvidor foi introduzida no Brasil no período colonial, porém só foi regularizada em 1986.

Outro fato marcante, que aconteceu em 1986, foi o presidente da República do Brasil convocar a população para fiscalizar o congelamento de preços e serviços, que objetivava a queda da inflação. O plano econômico fracassou, porém os consumidores brasileiros passaram a fazer inúmeras queixas ao Procon quanto à má qualidade dos serviços prestados pelas empresas.

Em 5 de outubro de 1988, foi promulgada a Constituição Federal do Brasil que determinou, no artigo 5º, inciso XXXII, que o Estado promovesse, na forma da lei, a defesa do consumidor. Em 11 de setembro de 1990, foi publicado o Código de Proteção e Defesa do Consumidor.

De 1990 até 2000

Em 11 de março de 1991, entrou em vigor a Lei nº 8.078/1990 (Código de Proteção e Defesa do Consumidor) no Brasil. Essa lei foi um divisor de águas no atendimento, pois fornece informações sobre como os fornecedores devem agir com seus clientes, o que permitiu às empresas saber como proceder, principalmente nas relações de troca de produto. Por lei, a troca só é obrigatória se houver um defeito no produto. Por outro lado, quando a loja a realiza sem questionamento, isso acarreta encantamento do cliente. Geralmente, os clientes acabam comprando outros produtos, o que é bom para o varejista.

Outro fato importante, que aconteceu na década de 1990, foi a abertura da economia e a globalização. Uma das finalidades da abertura da economia era reduzir a tarifa de importação para que fosse possível adquirir produtos importados mais baratos e forçar os produtores nacionais a reduzir o preço e melhorar a qualidade do produto. Antes, para se obter um bem importado, pagava-se um imposto alto, além de o cliente levar meses para receber o produto. Com a globalização, um processo econômico e social que integra países e pessoas do mundo inteiro, foi possível realizar transações financeiras e comerciais e disseminar aspectos culturais.

Nesse período, muitos países se juntaram e formaram blocos econômicos. Os principais são: o Mercosul, um bloco econômico sul-americano; a União Europeia (UE); o Nafta, um acordo de livre comércio da América do Norte; a Apec, cooperação econômica da Ásia e do Pacífico; e a Alca, um acordo de livre comércio das Américas. A globalização acarretou maior oferta de produtos e preços mais competitivos. Para racionalizar a produção e reduzir o custo, algumas empresas resolveram produzir suas mercadorias em vários países. Um produto, por exemplo, pode ser projetado nos Estados Unidos, produzido em Taiwan, ter uma matéria-prima do Brasil e ser vendido em vários lugares no mundo. Com a abertura da economia, a competitividade aumentou. Portanto, investir na melhoria do relacionamento com o cliente se tornou fundamental para a sobrevivência da empresa.

Uma das formas que as empresas buscaram para atrair clientes foi investir na customização em massa. Esse processo produtivo foi idealizado na década de 1980, mas foi na década seguinte, a de 1990, que tal customização foi utilizada no meio empresarial. Pine (1994:23) define customização em massa como "um novo meio de encarar a competição nos negócios, realizando a identificação e satisfação de vontades e necessidades dos consumidores individuais proeminentes sem sacrificar eficiência, eficácia e custos baixos". O objetivo é aproximar o cliente do produto ou serviço que a empresa oferece. Estreitar o relacionamento era importante para reter e atrair mais clientes.

Em 1993, por exemplo, o grupo Pão de Açúcar instituiu a figura do *ombudsman* (ouvidor) sob o comando de Vera Giangrande. Ela atuava junto ao presidente da empresa e tinha carta branca para questionar todos os departamentos da empresa em favor do consumidor (Volpi, 2002). Ouvir, compreender, atender bem e respeitar o cliente era sua missão no Grupo Pão de Açúcar. Segundo Zülzke (1991:80), as principais características de um *ombudsman* são: "ter senso de justiça; ser apartidário para não cometer discriminações de cunho político; ter conhecimento detalhado da burocracia para poder atender e encaminhar adequadamente as demandas". Vera Giangrande foi um exemplo de profissional que soube implantar uma filosofia de trabalho focada na satisfação do cliente.

Outro fato importante para o Brasil, por volta de 1994, foi o Plano Real, instituído pelo governo federal para combater a inflação que, no ano de 1993, atingiu a faixa de 2.708% ao ano (Sachs e Zini Jr., 1995). A inflação atingia mais diretamente os assalariados, as camadas sociais de renda mais baixa e os aposentados, que não tinham como se proteger. Os clientes estocavam as mercadorias em casa por conta dos constantes aumentos de preço. Algumas empresas, por sua vez, fixavam preços elevados para se proteger de eventual controle de preços. As reclamações dos clientes quanto a preços abusivos praticados no mercado eram inúmeras e frequentes.

O programa de estabilização econômica contou com a contribuição de vários economistas reunidos pelo ministro da Fazenda. O Plano Real reduziu a inflação e ampliou o poder de compra da população brasileira.

Em 1995, outros canais de vendas surgiram para ampliar tal poder de compra. Segundo Limeira (2005), nesse ano ocorreu a abertura comercial pela internet no Brasil. Em 1996, a Embratel possibilitou o acesso comercial à rede e a internet ganhou um espaço maior, apesar de, na época, não existir ainda uma infraestrutura suficiente para atender à demanda de provedores de acesso comercial. No ano seguinte, em 1997, a Embratel implantou uma infraestrutura de *backbone*, isto é, um sistema central de ligações mais amplo, e, a partir daí, o comércio eletrônico disseminado pela *web* cresceu rapidamente. Volpi Neto (2003) define comércio eletrônico como a compra e venda de produtos e bens realizados pela internet. As lojas virtuais e portais de conteúdo que surgiram nessa época foram a Booknet, Brasil On line (BOL), ZAZ, entre outras (Vieira, 2003). Os bancos também lançaram o conceito de banco virtual, que pode ser acessado de casa ou do escritório, permitindo grande número de transações bancárias. Essa nova modalidade de prestação de serviços facilitou a vida de clientes que preferiam usar seu tempo para outras atividades ou que, por algum motivo, não podiam se deslocar para obter informações ou adquirir produtos ou serviços.

Quando surgiu o comércio eletrônico, a percepção dos vendedores do mercado varejista era de que as lojas virtuais iriam acabar com as vendas nas lojas tradicionais. Na verdade, o comércio eletrônico potencializou as vendas, ainda que alguns clientes gostem de tocar, sentir e até mesmo experimentar as mercadorias antes de fechar o negócio. Portanto, lojas físicas e virtuais são opções de compra, ficando a escolha a critério do cliente.

No início, os consumidores brasileiros tinham certa desconfiança quanto a transações realizadas pela internet. Afinal, não teriam um atendimento pessoal, a venda se realizaria de forma virtual. Pairava a dúvida sobre o produto chegar ou não e sobre como reclamar se houvesse algum problema. Tal receio se justificava, pois alguns sites não forneciam identificação do fornecedor responsável e não disponibilizavam um endereço físico para localização e contato. As maiores reclamações eram sobre a não entrega de produto adquirido pelo consumidor e também sobre a ausência de resposta do site para solução de problemas.

Para tranquilidade do cliente usuário da internet, foi publicado, no ano de 2013, o Decreto nº 7.962, dispondo sobre a contratação no comércio eletrônico. Esse decreto determina, entre outras obrigações, que o fornecedor deve: "apresentar sumário do contrato, antes da contratação" (art. 4º, inc. I); "utilizar mecanismos de segurança eficazes para pagamento e para tratamento de dados do consumidor" (art. 4º, inc. VII); "manter serviço adequado e eficaz de atendimento em meio eletrônico, que possibilite ao consumidor a resolução de demandas referentes à informação, dúvida, reclamação, suspensão ou cancelamento do contrato" (art. 4º, inc. V); "fornecer identificação do fornecedor responsável pelo sítio eletrônico e do fornecedor do produto ou serviço ofertado" (art. 3º, inc. III).

Em 2013, segundo dados divulgados pela *E-bit*, aumentaram em 28% as compras realizadas pela internet por consumidores brasileiros em relação a 2012. Pesquisa realizada pelo Ibope em 2013 revelou que os clientes que usam a internet justificam que realizam essas transações por serem mais práticas e oferecerem preços mais competitivos, além de apresentarem grande variedade de produtos.

Também foi na década de 1990, de que estamos tratando nesta seção, que eclodiram os telefones celulares no Brasil. As primeiras cidades a utilizar a telefonia móvel celular, padrão analógico, foram: Rio de Janeiro, Brasília, Campo Grande, Belo Horizonte e São Paulo. Mais tarde, em 1997, foram ativados os primeiros celulares digitais. Essa nova tecnologia possibilitou que os clientes entrassem em contato, por exemplo, com qualquer pessoa dentro de uma loja sem precisar utilizar o telefone do estabelecimento comercial. Também possibilitou fazer qualquer tipo de solicitação ou reclamação nas centrais de atendimento sem precisar de um telefone fixo, caso houvesse algum problema com um fornecedor. Alguns anos depois, com o avanço da tecnologia do celular móvel, os clientes passaram a utilizá-lo para gravar, fotografar e filmar transtornos causados pelos fornecedores e para fazer pesquisa de preços. Em 2013, já é possível realizar compras escaneando o código de barras dos produtos.

Nos anos 1990, também proliferaram os serviços de atendimento ao cliente (SACs). Eles surgiram para fornecer informações sobre produtos e serviços, pontos de venda, assistência técnica e garantia. Outros serviços também foram oferecidos pelo SAC, tais como: receber reclamações, sugestões, elogios e críticas. Vergara (2003) menciona que, "dentro da natureza estratégica, o SAC contribui para a redução de custos, fidelização da clientela e aumento do volume de vendas, dado que a empresa aproveita para oferecer produtos". As novas tecnologias de informação e comunicação permitiram uma proximidade maior entre empresas e clientes.

Uma das causas do crescimento das centrais de atendimento telefônico na década de 1990 foi o volume de reclamações e ações consumeristas realizadas pelos clientes por descumprimento ao Código de Proteção e Defesa do Consumidor.

Para atender à crescente demanda de reclamações nas centrais de atendimento telefônicas, algumas empresas terceirizaram esse serviço. Gonçalves (2001) define terceirização como uma contratação de serviços de uma empresa intermediária, envolvendo empregados. Se, por um lado, a terceirização reduzia os custos no orçamento das empresas, por outro lado, as chamadas telefônicas eram atendidas por pessoas ganhando baixos salários, desqualificadas e que não conheciam o negócio. Além disso, ocorria muita rotatividade de funcionários nas centrais de atendimento telefônico, comprometendo a excelência de tal atendimento.

Para garantir que as demandas dos clientes fossem atendidas, os *call centers* implantaram um atendimento padronizado, isto é, as empresas criaram roteiros de procedimentos denominados *scripts* para os funcionários. Dessa forma, as empresas conseguiam operacionalizar as atividades rotineiras e regulavam o comportamento dos atendentes. Os *call centers* também implantaram um distribuidor automático de chamadas (DAC) e unidade de respostas audíveis (URA) para reduzir os custos das chamadas e melhorar a eficiência do atendimento.

Mas, ao mesmo tempo que cresciam as centrais de atendimento telefônico com novas tecnologias, também aumentava o número de reclamações feitas por consumidores ao Procon. Para se ter uma ideia, no Procon do Rio de Janeiro, por exemplo, foram registradas, no ano de 1993, 7.348 reclamações e, no ano de 1998, 34.779 reclamações (Vergara, 2003). Esses números demonstram que havia uma discrepância entre o discurso das empresas, de que o cliente devia ser ouvido e ter suas solicitações atendidas, e o que efetivamente ocorria na prática. As maiores reclamações no Procon eram sobre cobrança indevida, cobrança abusiva, produto com defeito, produto não entregue e propaganda enganosa (Vergara, 2003).

Em 1998, algumas empresas resolveram reestruturar a forma de atender nos *call centers* para diminuir o número de ações referentes ao descumprimento dos direitos dos consumidores e as reclamações que ocorriam, tanto no Procon quanto nos órgãos fiscalizadores que regulavam os estabelecimentos.

As empresas do mercado varejista também tiveram de melhorar o processo administrativo, convocando fornecedores, fabricantes e prestadores de serviço por conta da responsabilidade solidária. Esse tema será tratado no capítulo 3.

Na época, surgiram vários órgãos reguladores e fiscalizadores, com o objetivo de assegurar os direitos dos consumidores e visando à melhoria da qualidade dos serviços prestados, tais como: a Agência Nacional de Telecomunicações (Anatel), Agência Nacional de Energia Elétrica (Aneel), Agência Nacional de Vigilância Sanitária (Anvisa), Agência Nacional de Petróleo (ANP) etc. Tal fato se deve à dificuldade que algumas empresas apresentavam em gerenciar seus negócios em consonância com o sistema de proteção e defesa do consumidor.

Enquanto alguns fornecedores viam na adaptação ao Código de Proteção e Defesa do Consumidor uma forma de conduzir melhor o negócio entre empresa e cliente, outros fornecedores, conforme relata Vergara (2003), diziam que era melhor esconder essa lei dos consumidores. Mas não era possível fazer isso, pois, afinal, ela estava se tornando a lei mais popular no Brasil, o que se deve ao fato de ter o Tribunal de Justiça realizado uma campanha de divulgação sobre os direitos e deveres dos consumidores por meio da TV Educativa, da internet, de órgãos de defesa, como Procon, e de organizações não governamentais (ONGs). Também houve um incentivo para que as pessoas exercessem a cidadania, buscando na Justiça ou nos órgãos de defesa o apoio necessário para fazer valerem seus direitos.

Tal incentivo era necessário porque, conforme descreve DaMatta (1997), no Brasil concebemos o conflito como presságio do fim do mundo. E reclamar significa enfrentar um conflito (Vergara, 2003). Por conta disto, até 1999, de acordo com pesquisa realizada por Chauvel (1999), o consumidor de classes mais altas (A e B) acreditava dispor de algum poder, enquanto o de classe mais baixa julgava que a empresa era mais forte, o que o levava a pensar que, diante de um defeito no produto, a melhor solução era consertar em casa ou desistir (Vergara, 2003). Contudo, ocorreu um fato que levou o consumidor a pensar de outra maneira. Os consumidores começaram a fazer propaganda boca a boca da agilidade dos juizados especiais cíveis em solucionar problemas entre empresa e clientes, tais como: troca de produto, cobrança abusiva e indevida, má qualidade de serviços prestados etc. A percepção dos clientes era de que recorrer à Justiça era mais rápido e fácil para resolver o problema do que buscar a empresa para reclamar de um produto ou serviço e ter sua reclamação atendida.

De 2000 até os dias atuais

No ano 2000, o Procon do Rio de Janeiro registrava 47.028 reclamações (Vergara, 2003). Outros órgãos fiscalizadores surgiram, tais como: a Agência Nacional de Saúde Suplementar (ANS), Agência Nacional de Transportes Terrestres (ANTT), Agência Nacional de Águas (ANA), Agência Nacional de Transportes Aquaviários (Antaq) e Agência Nacional de Aviação Civil (Anac).

Buscar harmonia e equilíbrio entre consumidores e organizações privadas e públicas era necessário, pois o número de ações no Judiciário e reclamações nos órgãos de defesa do consumidor crescia cada vez mais. Nessa época, alguns procedimentos administrativos levavam os clientes a reclamar. Um deles, por exemplo, ocorria nas centrais de atendimento telefônico. Nos menus com opções, também chamados de unidade de resposta audível (URA), para o cliente entrar em contato, o conteúdo das gravações não levava em consideração a situação em que este se encontrava. Vamos relatar um exemplo que ocorreu em alguns bancos. O cliente entrava em contato com a central de atendimento telefônico para relatar que o cartão de crédito havia sido roubado, e a gravação solicitava o número do cartão. Como o cliente não tinha mais o cartão, não podia informar todos os números. Afinal, leitor, nem todos os clientes têm o cuidado de anotar o número em outro lugar. Esse tipo de gravação não possibilitava o cancelamento e acabava prejudicando o cliente, pois a pessoa que roubou utilizava o cartão. Essa solicitação inadequada acabava gerando uma ação na Justiça por parte do cliente por não ter conseguido avisar a tempo que o cartão tinha sido extraviado e causado transtorno na conta bancária. Depois, os bancos retiraram esta solicitação de número de cartão.

Entre 2001 e 2002, o crescimento do internet *banking* foi muito expressivo no Brasil. Por outro lado, a automação dos bancos quanto à utilização pelos clientes dos caixas eletrônicos para pagar contas, sacar dinheiro, fazer depósitos, transferência etc. requeria uma atenção especial dos funcionários das instituições financeiras para que os consumidores brasileiros os utilizassem. Se, por um lado, a automação reduzia o custo operacional bancário, por outro lado causava certa resistência por parte de alguns clientes.

Era necessário entender a cultura brasileira para atuar de acordo com os traços culturais e possibilitar a implantação de procedimentos inovadores. Um dos traços da sociedade brasileira é valorizar o relacionamento entre pessoas. Nesse caso, na percepção do clientes, havia certa imposição do banco para que eles falassem com máquinas e não com funcionários do caixa. Os jovens não tiveram dificuldade para lidar com essa inovação, mas os mais velhos tiveram. Deixá-los sozinhos para operar o sistema acarretava fila nos caixas eletrônicos por não saberem manuseá-los. Os bancos tiveram de colocar funcionários com os dizeres "Posso ajudar?" para orientar o cliente. Isso possibilitava um contato do cliente com o funcionário e a correta utilização dos caixas eletrônicos.

Outro exemplo foi o que ocorreu em uma empresa de aviação aérea brasileira quando entrou no mercado, em 2001. A empresa colocou terminais no aeroporto para os clientes fazerem o *check-in* e poucos funcionários para atendimento pessoal. Isso gerou um grande número de reclamações por não estarem familiarizados com a operação do sistema. A empresa teve de rever o procedimento e colocar mais funcionários para fazer o atendimento pessoal e também ajudar os clientes a fazerem o *check-in* nos terminais. Orientá-los para realizar as operações também atendia a outro traço cultural brasileiro, que é o de não ter sido educado para fazer sozinho certos procedimentos.

A cultura norte-americana e as de países europeus são diferentes da cultura brasileira. Os americanos e europeus foram criados executando, eles próprios, certos procedimentos. É a cultura do *faça você mesmo*. No Brasil é diferente. Geralmente, pedimos ajuda, e os brasileiros atendem.

No Brasil, muitos clientes, quando entram em uma organização pública ou privada, costumam perguntar ao funcionário, por exemplo, quais os documentos necessários para realizar certa transação. Acontece que essa informação já consta em algum mural da organização, ou está bastante visível no portal na internet. Então, leitor, por que ele pergunta? Porque ele busca uma forma de interagir com alguém naquele estabelecimento; apenas isso. E o que fazer? É só responder à solicitação. Aqui no Brasil, se apontarmos para o mural onde fica o aviso para que o cliente leia ou, então, solicitarmos que busque a informação no portal da internet, isso pode ser considerado uma grosseria, mas não é assim em outros países. Entender a cultura brasileira é necessário tanto para atender bem quanto para que a empresa alcance os resultados desejados.

À medida que as reclamações por parte dos clientes aconteciam, leis municipais e estaduais eram publicadas, pois elas são criadas levando em consideração a experiência social dos homens. Os bancos, por exemplo, foram alvo de reclamações por conta do tempo de espera nas filas do caixa para fazer pagamentos, depósitos, transferências etc. Em 2003, foram criadas leis regulando o tempo de espera nas filas do banco. No Rio de Janeiro, por exemplo, foi criada a Lei Estadual nº 4.223/2003.

Na época, os consumidores já juntavam provas documentais, testemunhais e outras por danos causados por alguma empresa, enquanto alguns fornecedores não o faziam. Advogados contratados pelas empresas para defendê-las nas relações consumeristas perdiam a causa por falta de provas, que não eram anexadas ao processo.

Era necessário que os fornecedores criassem ações preventivas e documentassem certos procedimentos para lidar com um consumidor consciente de seus direitos e deveres. Por conta disso, alguns ortodontistas, por exemplo, passaram a fotografar o estado da arcada dentária dos clientes antes de colocar um aparelho corretivo. Os estacionamentos passaram a fazer vistoria do carro antes de ele entrar na garagem para não serem processados por avarias nos veículos dos clientes etc.

No decorrer do tempo, novas formas de comunicação entre organizações e clientes apareceram. Veja, por exemplo, leitor, que em 2004 foi lançado o Facebook, fundado por Mark Zuckerberg e seus colegas da Universidade de Harvard. O Facebook é uma rede social que tem como objetivo encontrar pessoas, trocar opiniões, compartilhar vídeos e fotos.

Em 2005, foi lançado o YouTube, cuja intenção era compartilhar arquivos de vídeos. Em 2006, foi lançado o Twitter, uma ferramenta de comunicação que permite enviar mensagens de até 140 caracteres para um grande número de usuários.

Logo que saíram o Facebook, o YouTube e o Twitter, os consumidores não os utilizavam para reclamar de alguma empresa. Em 2013, já era possível ver algumas reclamações no YouTube e no Facebook. Os consumidores passaram a utilizá-los porque as empresas atendem mais rapidamente às reclamações por meio desses canais do que as formalizadas pelos serviços convencionais de atendimento ao cliente (Xavier e Costa, 2013). As empresas são mais ágeis por causa da exposição negativa da marca na internet. Embora por um prisma diferente, no capítulo 4 deste livro abordamos essa questão.

O perfil do consumidor vinha mudando diante das novas tecnologias, e as empresas precisavam se esforçar para acompanhar esse movimento. O que o cliente queria? Apenas ser bem atendido, independentemente do canal utilizado para entrar em contato com a empresa, que podia ser pessoal, por telefone ou pela internet. Atendimento é uma coisa simples. Então, quem complica? As pessoas que trabalham nas empresas, por não se organizarem da forma como deveriam e demorarem a solucionar algum transtorno causado ao cliente. Se, no ano 2000, os consumidores começaram a utilizar a Justiça para conseguir resolver algum problema com a empresa por ser mais rápido, em 2013, na percepção do cliente, a internet é considerada o caminho mais ágil para buscar uma solução.

Outro fato importante aconteceu em relação às ações do telemarketing ativo, já mencionado, empreendidas pelas empresas para aumentar o volume de vendas de seus produtos. Se, por um lado, as empresas buscavam uma forma de vender mais seu produto, por outro lado, essa ação de marketing incomodava os clientes devido ao grande número de empresas que telefonam com tal objetivo. Ligar para um cliente para vender um produto, na percepção do cliente, era impor que seu tempo fosse disponibilizado para comprar um produto ou serviço, sem que o mesmo desejasse fazê-lo naquele momento. Ocorreram várias reclamações por parte dos clientes e, por conta disso, algumas leis municipais e estaduais foram criadas no Brasil para bloquear o recebimento de ligação de telemarketing. No âmbito do estado de São Paulo, por exemplo, foi criada a Lei nº 13.226/2008.

Os serviços de atendimento ao cliente também geravam tantas reclamações que foi necessário criar um decreto, ou seja, uma legislação de âmbito federal para regularizar o serviço. Em algumas empresas, o SAC, do qual falamos anteriormente, não disponibilizava um atendente para o cliente expor seu problema. O cliente ligava e só escutava uma longa gravação no menu de opções. Em 2008, foi publicado o Decreto nº 6.523 para fixar normas gerais sobre os serviços de atendimento ao cliente.

Esse decreto dispõe que as ligações para o SAC serão gratuitas, que o consumidor terá direito ao acesso do conteúdo do histórico de suas demandas, que a empresa deve garantir ao consumidor, no primeiro menu eletrônico, as opções de contato com o atendente, de reclamação e de cancelamento de contratos. Se o cliente quiser fazer uma reclamação ou cancelamento do serviço, não será admitida a transferência de ligação, devendo todos os atendentes possuir atribuições para executar essas funções. As regulamentações eram necessárias para fazer valer os direitos dos consumidores. No entanto, muitos deles, no ano de 2013, não estavam conseguindo cancelar serviços de telefonia, apesar de a lei ser bastante clara quanto a essa solicitação. Vale ressaltar que algumas políticas de gestão de pessoas não foram revistas, pois, em 2013, os operadores de *call centers* continuavam recebendo um salário mínimo, em média. Tal fato tem gerado problemas para o setor, que cada vez mais só consegue trabalhadores menos qualificados, o que acaba gerando insatisfação em muitos clientes. Uma medida adotada por algumas operadoras tem sido o deslocamento do *call center* para regiões brasileiras menos desenvolvidas e que praticam remuneração menor.

Com relação a fatos ocorridos em 2008, vale acrescentar a grave crise econômico-financeira nos Estados Unidos, iniciada em 2007 com a quebra do mercado imobiliário e do mercado hipotecário (Moller e Vital, 2013), que levou o Federal Reserve e o Tesouro norte-americano a intervirem para salvar o sistema financeiro nacional. A crise se espalhou pelo mundo e levou a economia brasileira a passar por uma leve recessão no primeiro trimestre de 2009 devido a uma queda expressiva das exportações, à escassez de crédito e à falta de confiança de empresários e consumidores. No segundo trimestre de 2009, houve indícios de recuperação da economia, e a medida expansionista tomada pelo Banco Central e pelo governo brasileiro foi aumentar a oferta de crédito para minimizar o impacto dos problemas de liquidez ocasionados pelo sistema financeiro internacional no Brasil.

O resultado dessas medidas, entre outros, foi um forte crescimento da classe intermediária, chamada classe C, aliado às profundas mudanças ocasionadas pelo Plano Real, que elevou a renda dos brasileiros. Segundo pesquisa realizada pela revista Época/Negócios (Todeschini e Salomão, 2009), essa nova classe média tem os seguintes hábitos: (a) prefere pagar por produtos que lhe deem melhor custo/benefício, não necessariamente os mais baratos; (b) no quesito alimentação, compra chocolates, bolachas e sorvete; não se limita a comprar só a cesta básica; (c) gosta de viajar, principalmente para conhecer melhor o Brasil; (d) gosta de morar na periferia e dá preferência a lugares próximos a algum parente ou pessoas conhecidas; (e) com a proliferação das *lan houses*, a compra de *notebooks* e computadores baratos, há uma forte inserção no mundo digital; (f) para a classe C, o não pagamento das obrigações significa perder crédito, motivo pelo qual não se arrisca a ficar inadimplente.

A citada pesquisa revela que os excluídos da sociedade de consumo finalmente conseguiram certa inclusão, e as empresas interessadas nesse público-alvo devem elaborar estratégias para bem atendê-lo.

Além disso, uma pesquisa realizada pelo IBGE em 29 de agosto de 2013 demonstra que a expectativa de vida, que em 2013 chegou a 71,3 anos para homens e 78,5 anos para mulheres, em 2060 deve atingir 78,0 e 84,4 anos, respectivamente. A população está envelhecendo, mas está ativa. Isso requer cuidados especiais ao atendê-la, tais como paciência, tolerância, falar um pouco mais alto por conta da diminuição da audição e ter cadeiras nas quais os clientes possam se sentar nos estabelecimentos em que precisam fazer alguma transação. É um público que requer muito cuidado e atenção.

Outro fator que deve ser levado em consideração é o gradativo aumento da consciência ambiental da população brasileira. Os consumidores têm a informação de que os recursos naturais são finitos, o que faz com que muitos deles se sintam preocupados com gasto de água nos estabelecimentos comerciais, gastos com energia e resíduos gerados pelas empresas. Vamos relatar um fato que ocorreu com uma consumidora no mercado de frutas. A senhora ficou incomodada com a torneira deixada aberta pelo funcionário, e que podia ser vista pelo vidro da cozinha. Ela começou a bater no vidro e mandou o rapaz fechar a torneira para não desperdiçar água.

Outro exemplo que rompe com a lógica industrial de que as empresas devem guardar seus portfólios de inovação e empurrar seus produtos para o mercado, num modelo que já comprovou ser lento e custoso, é o que aconteceu com a petroquímica Brasken (Ikeda, 2013). Os funcionários registram as melhores ideias sugeridas pelos clientes e, a cada três meses, as sugestões são avaliadas e escolhidas de acordo com a viabilidade. No ano de 2013, das 210 ideias sugeridas, 118 foram convertidas em projetos. Um estudo divulgado pela consultoria PwC (Ikeda, 2013) revela que as empresas que incluem os clientes na hora de inovar crescem a uma taxa média de 62%, ante 21% nos demais casos. A vantagem é ter um produto sob medida para o cliente.

Outro fato importante, que também ocorreu em 2013, foram os protestos no Brasil. A população foi às ruas por meio de chamadas no Facebook para protestar, inicialmente, contra o aumento nas tarifas de transportes públicos. Outros temas também vieram à tona, tais como a má qualidade dos serviços de saúde e educação, a indignação contra a corrupção e os gastos públicos nos eventos esportivos internacionais.

Quanto à questão da má qualidade dos serviços públicos, vários autores alertam para os seguintes fatores que ocasionam discrepância entre o que se espera das organizações públicas e privadas e o que efetivamente acontece na prática e que compromete a excelência do atendimento. São eles:

❏ falta de recursos humanos, financeiros e materiais. Hoje, os brasileiros se deparam com hospitais públicos que não têm

equipamento para fazer exames e cirurgias, com a falta de médicos e com a falta de investimento na área de saúde. O mesmo acontece com a educação em nosso país;
❑ ausência de investimento em treinamento técnico e desenvolvimento comportamental. Hoje não se pode mais colocar um funcionário para atender um cliente sem que ele conheça o produto ou o serviço que a empresa oferece. Os clientes estão acessando a internet para obter informações sobre produtos e serviços antes, durante e depois da transação. Também não basta ter a competência técnica. É de fundamental importância a competência interpessoal demonstrada na cortesia, amabilidade e entendimento de como tratar clientes com diferentes perfis.

Quanto à questão da corrupção, Marques (2013) menciona que "o Brasil está na 69ª posição do *ranking* da honestidade global. Ele é o 105º país mais corrupto do mundo", segundo o relatório da corrupção global elaborado pela organização Transparência Internacional em 2012. As manifestações dos brasileiros são uma demonstração de que os funcionários têm um papel importante na melhoria dos serviços públicos oferecidos à sociedade. A conduta antiética impacta o progresso do nosso país.

Mas o brasileiro não está mais exigente apenas com o governo; ele também está intolerante quanto aos serviços prestados pelo mercado varejista, *e-commerce*, operadoras de telefonia, bancos, fabricantes de automóveis e eletrodomésticos. As empresas mais reclamadas no Procon de São Paulo no ano de 2013 foram bancos, operadoras de telefonia e de comércio eletrônico. As maiores reclamações são as seguintes: (a) bancos: cobrança indevida e cobrança abusiva; (b) telecomunicações: inoperância de serviço, dificuldade no cancelamento e não cumprimento de pacotes de serviços ofertados; (c) varejo virtual e convencional: não entrega de produto.

Uma pesquisa apresentada pela revista *Exame/IBRC* em 7 de agosto de 2013 (Leal, 2013) constatou um descompasso entre clientes e empresas. Eles estão mais exigentes, e as empresas não investiram para acompanhá-los. Para alcançar rentabilidade no ano de 2012, as empresas deixaram de investir em treinamento. A falta de investimento ocasionou inúmeras reclamações, e uma delas foi a descortesia dos funcionários. Além de serem mal atendidos, os clientes ouviram desaforos. Isso demonstra o quanto o treinamento e o desenvolvimento para o atendimento ao cliente são importantes para a empresa.

Essa pesquisa também constatou que ações simples podem melhorar o atendimento. São exemplos: (a) uma das empresas pesquisadas forneceu passagem aérea para as atendentes, a fim de que elas pudessem entender as reclamações dos clientes recebidas na companhia aérea; (b) uma empresa do mercado varejista virtual resolveu buscar uma transportadora especializada em entrega de móveis, sem se preocupar com o preço, para sanar as reclamações de entrega de produtos; (c) uma empresa de cartão de crédito resolveu estornar imediatamente o valor contestado na fatura pelo cliente para não atrasar a devolução com a investigação, pois descobriu que 97% dos clientes tinham razão ao reclamar da fatura.

Acreditar na boa fé do cliente é importante para não comprometer a relação de confiança que deve ser construída entre fornecedor e consumidor. O cliente é a razão de ser de uma organização. Ela é criada para servir àqueles que necessitam de seus produtos e serviços e que, por isso, devem ser tratados com todo o respeito.

Neste capítulo, vimos a evolução do relacionamento da empresa com o cliente, iniciando na Idade Média e chegando até os dias atuais. As relações mudaram por conta dos fatores econômicos, tecnológicos, políticos e sociais. Investir nas pessoas para atender a este consumidor exigente e consciente de seus direitos e deveres é de fundamental importância para a sobrevivência da empresa. Torna-se necessário, portanto, entender a complexidade das relações humanas, o que veremos no capítulo que segue.

2

Complexidade das relações humanas

Excelência no atendimento ao cliente é um tema instigante, e da maior relevância para as empresas. Afinal, sem clientes, a empresa não sobrevive. Ao mesmo tempo, é um tema complexo, pois envolve interação de pessoas. Se estamos falando de clientes, também estamos falando da complexidade de lidar com seres humanos.

Alguns fenômenos acontecem nessa interação e devem ser levados em consideração para o cliente se sentir bem atendido. Este capítulo apresenta os desafios do atendimento, a importância de atender às expectativas, necessidades e desejos do cliente, a questão da identificação e da construção do relacionamento de confiança, a percepção do cliente no atendimento, a transferência de sentimento como um fenômeno inconsciente. Mostra, ainda, como lidar com um cliente que faz uma reclamação, a importância do desenvolvimento de inteligências interpessoal e intrapessoal e a busca do autoconhecimento para compreender melhor o cliente.

Desafios no atendimento ao cliente

Os clientes estão cada vez mais exigentes, informados e informatizados. Ao buscarem um fornecedor, esperam ter feito uma escolha feliz. No entanto, muitas vezes se deparam com funcionários que não demonstram competência no atendimento. Entende-se por competência o conjunto de conhecimentos, habilidades e atitudes necessárias para que a pessoa desenvolva suas atribuições e responsabilidades. A competência técnica pode ser adquirida por meio de cursos, leituras ou práticas, porém a competência interpessoal, que é a capacidade de lidar com as outras pessoas de forma adequada às suas necessidades e às exigências da situação, requer um conhecimento dos processos mentais do indivíduo, isto é, como ele pensa, planeja e tira conclusões da situação. As questões subjetivas que ocorrem na interação precisam ser levadas em consideração se quisermos conquistar nossos clientes.

Por que é tão importante investir no atendimento ao cliente para buscarmos sua satisfação? Vamos tecer algumas considerações a seguir.

Alguns clientes deixam de comprar determinado produto ou serviço em uma empresa porque sentem que não lhes foi dada a atenção devida. Afinal, como seres humanos que são, necessitam de atenção e respeito.

Boa parte dos clientes volta a comprar em uma empresa quando suas reclamações são bem atendidas. Portanto, as organizações devem dar toda a atenção às reclamações para que possam resolver os eventuais problemas.

Hoje existe basicamente uma não diferenciação entre produtos e serviços. Então, o que vai fazer a diferença é o modo como os clientes são atendidos. Eles não querem que esse atendimento se dê por pessoas que não estão preparadas para trabalhar em determinada empresa. Hoje, como mencionado, o funcionário necessita ter a competência técnica, isto é, entender do produto ou serviço que a organização oferece, e a competência interpessoal, ou seja, saber lidar com os clientes. O que chama um consumidor de volta é o acolhimento, o que quer dizer que ele precisa se sentir bem-vindo e valorizado por ter escolhido aquele fornecedor.

Os clientes insatisfeitos provavelmente jamais voltarão a ser clientes, divulgando sua decisão e o porquê dela para outras pessoas. Hoje, existem várias formas de fazê-lo, como lembrado no capítulo 1. Veja:

❏ *pessoalmente* – suponha, leitor, que você tenha ido almoçar em um restaurante *à la carte* próximo ao trabalho. Quando chegou lá, o garçom levou horas para trazer o prato de comida e, ainda por cima, ela estava fria. Depois, você pediu a conta e ele levou horas para lhe entregar e – pior – a conta estava errada e você teve de pedir para refazer. Ao voltar para o trabalho, um colega seu pediu referências do restaurante. Claro que você relatou tudo o que aconteceu. Diante dos fatos, seu colega desistiu de almoçar nesse restaurante. Quem perdeu mais um cliente? O restaurante, é claro;
❏ *por telefone* – outra forma de demonstrar a insatisfação causada por alguma empresa é telefonar para alguém. E hoje, com o telefone celular, as pessoas ligam imediatamente para contar os transtornos causados pelo fornecedor;
❏ *por mídia eletrônica* – o e-mail também é utilizado. Você já deve ter recebido algum e-mail de parente ou amigo comentando sobre a insatisfação causada no atendimento por alguma empresa;
❏ as *redes sociais* também são um poderoso instrumento para denegrir a imagem de uma empresa. São praticamente uma corrente viral. Os internautas adoram passar as mensagens adiante. Se você nos perguntar quantas pessoas tomarão

conhecimento da mensagem, não nos arriscamos a definir. No capítulo 4, abordamos essa temática, orientando sobre como o cliente deverá ser atendido;

❏ *mídia online, impressa e televisiva* – quando o problema não é solucionado, alguns clientes escrevem para o jornal ou então chamam algum repórter de um jornal televisivo para veicular na mídia o péssimo atendimento. Esse tipo de reclamação denigre a imagem da empresa e afasta vários clientes. Vamos relatar um caso que aconteceu com uma cliente que foi comprar um carro novo para não ter mais de levar o que tinha para a oficina. O carro novo saiu da montadora com defeito. Ela levou à concessionária para consertar e o carro continuou com defeito. Ela teve de retornar várias vezes. Essa cliente, depois de tantas idas e vindas à concessionária, queria que lhe dessem outro carro. A concessionária se recusou a trocar. Como ela era uma assessora de imprensa, chamou um jornal televisivo para fazer a reportagem sobre o caso, o que certamente acarretou prejuízos à imagem da concessionária, que então resolveu trocar o veículo.

Hoje os clientes também utilizam o YouTube para divulgar imagens do transtorno causado por ter adquirido um produto com defeito e não ter conseguido solucionar o caso com a empresa responsável pela comercialização. Além disso, também há sites criados especificamente para relatar casos de mau atendimento.

Diante de tantas formas de denegrir a imagem da empresa e fazer com que ela perca clientes, será que vale a pena demorar a solucionar um problema? Com certeza, leitor, toda reclamação deve ser tratada de forma rápida. O cliente deve tomar ciência de todas as providências que foram tomadas pelo fornecedor para sanar o problema. Dessa forma, estaremos colaborando para que a expectativa do consumidor seja atendida.

Expectativa do cliente quanto aos serviços prestados pelas empresas

A questão da expectativa é importante no atendimento ao cliente. Segundo o *Dicionário Aurélio da língua portuguesa* (Ferreira, 2010), expectativa quer dizer esperança fundada em promessas ou probabilidades. Prometer significa obrigar-se verbalmente ou por escrito a fazer ou dar alguma coisa. Esse é um ponto interessante para entendermos que, se uma empresa quer estabelecer um relacionamento de confiança com seus clientes, precisa tomar cuidado com o que promete. Uma promessa não cumprida, além de ferir o art. 66 do Código de Defesa do Consumidor, pode romper a construção do relacionamento empresa/cliente.

Krech e Crutchfield (1980) mencionam que expectativa pode ser entendida como um padrão que a própria pessoa estabelece para si mesma em determinada atividade. Se a expectativa corresponde a uma realização efetiva, dá-se o sentimento de êxito; caso contrário, há um sentimento de fracasso. Isso quer dizer que podemos criar esse padrão sem que ninguém nos diga nada. Mas também podemos criar um padrão estabelecido por algum funcionário de uma empresa e, nesse caso, devemos ficar atentos para não deixarmos os clientes insatisfeitos ou frustrados.

Quando precisamos ir ao banco na hora do almoço para resolver um problema com o gerente, o que queremos? Se você disse, leitor, que queremos ser atendidos no primeiro momento, concordo plenamente. Mas imagine que, quando você chegou lá, o gerente estava atendendo outro cliente e você teve que esperar. O que sentiu? Se responder que ficou frustrado por não ter sido atendido no primeiro momento, estará revelando seu sentimento. O padrão que você estabeleceu foi o de ser logo atendido ao procurar o gerente no banco. Essa era sua expectativa. Se o gerente tivesse olhado para você e feito um gesto indicando que iria lhe atender, você teria experimentado uma sensação de êxito e não teria ficado ansioso ou frustrado. Nesse caso, a comunicação pode ser não verbal. Portanto, um simples olhar para o cliente já o deixa com a sensação de estar sendo atendido. Afinal, atendimento quer dizer dar atenção.

Se, por exemplo, um funcionário diz que vai entregar um produto em determinada data, este será o padrão estabelecido na mente do cliente. Se o produto não chegar, ele se sentirá frustrado e perderá um pouco da confiança depositada no fornecedor. Mas existe uma maneira de não deixá-lo insatisfeito. A forma correta de lidar com essa situação é ligar para o cliente com antecedência dizendo que não será possível entregar o produto na data acordada. Dessa forma, o fornecedor evitará que permaneça na mente do cliente o padrão estabelecido, já que a data fixada não será cumprida.

A mente do cliente funciona como um relógio, isto é, se o funcionário diz que vai ligar daqui a meia hora, então, ele estabelecerá esse tempo de espera. Se isso não ocorrer, o cliente se sentirá frustrado e, para aliviar esse desconforto, ligará para o fornecedor. Mas o cliente que age dessa maneira demonstra não mais confiar nas palavras daquele prestador de serviço.

Segundo McAllister (1995), a confiança pressupõe a expectativa de que ocorrerá o esperado em vez do temido. Mayer, Davis e Shoorman (1995:172) definem confiança como "a vontade da parte em ser vulnerável à ação da outra parte baseada na expectativa de que o outro irá realizar uma particular e importante ação para aquele que confia, independentemente de controle ou monitoramento". Ter confiança nos serviços prestados pelos bancos, na comida que compramos e comemos, na água que bebemos etc. é muito importante, pois, do contrário, a vida se tornaria muito difícil. A confiança é tão importante que a admitimos como natural, como o ato de respirar (Owen, 2011). Então, para preservar essa relação, é necessário ser ético, isto é, fazer o que é certo.

    Um exemplo interessante foi o que aconteceu com uma empresa que presta assessoria na área de pessoal. Um cliente entrou em contato com essa empresa para contratar seus serviços, mas antes avisou que a folha de pagamento precisaria estar pronta até o dia 30. A empresa de assessoria aceitou o serviço, mas uma funcionária percebeu que não haveria tempo hábil para fechar a folha de pagamento até o dia acordado com o cliente. Ela, então, entrou em contato com o cliente e avisou que não conseguiriam cumprir o prazo. A empresa agradeceu a conduta ética que teve a funcionária e buscou outro fornecedor, que prestou o serviço no prazo estipulado. Por conta da atitude responsável da funcionária, o cliente resolveu que fecharia contrato com o primeiro fornecedor. A funcionária ficou feliz com a notícia, pois ela imaginava que tinha perdido o cliente, mas aconteceu justamente o contrário, isto é, ela conquistou o cliente por não ter prejudicado os funcionários daquela empresa na confecção da folha de pagamento.

    Na verdade, leitor, sabe de que a empresa precisa? Ela precisa que superemos as expectativas dos clientes. Um exemplo de superação foi o que ocorreu em um voo de Miami para o Rio de Janeiro. Uma passageira dormiu lendo um livro, mas, quando acordou, o livro não estava mais no seu assento. Ela chamou a comissária para relatar o ocorrido. A comissária descobriu que um passageiro que apresentava uma deficiência mental tinha se apropriado do livro. Para não causar transtorno aos demais ao retomar o livro das mãos daquele que se havia apoderado dele, procurou o piloto e relatou o que estava acontecendo. Passaram um rádio pedindo que procurassem o livro e, quando o avião pousou, uma funcionária da companhia aérea entregou o livro para a comissária, que o repassou à passageira, sem que esta desconfiasse da estratégia usada para reaver o livro perdido. A passageira ficou feliz com a entrega do livro.

É disso que as empresas precisam, isto é, pessoas hábeis no trato com os clientes. Alberoni e Veca (1992:54) afirmam que "para fazer o bem não é preciso amar. O conhecimento e a vontade bastam. O profissional deve analisar aquilo que as pessoas precisam e realizá-lo", como fizeram a comissária e o piloto da companhia aérea devolvendo um livro que era de direito da passageira.

Para que isso aconteça, é necessário que haja pessoas comprometidas com o trabalho que executam e com vontade de prestar o melhor atendimento àqueles que procuram as organizações para ter uma necessidade ou um desejo atendido.

Necessidade e desejo

Ao buscar um fornecedor, o cliente espera atender a uma necessidade ou satisfazer um desejo de adquirir algum bem. Portanto, devemos atendê-lo sintonizados nos motivos que o levaram a buscar aquele fornecedor.

Krech e Crutchfield (1980) dizem que os desejos não são idênticos às necessidades, pois não derivam de estados percebidos de deficiência, mas da percepção de algo capaz de proporcionar prazer. Para esses autores, enquanto o desejo está ligado à busca do prazer, a necessidade procura evitar o desprazer.

Brenner (1987) argumenta que necessidades são impulsos de deficiência que afastam condições indesejáveis, e seu objetivo é restabelecer um estado de equilíbrio que foi temporariamente desfeito.

A distinção entre os conceitos de necessidade e desejo é importante para avaliar a complexidade da experiência motivadora, evitando assim o erro comum de supor que toda motivação seja apenas um meio de afastar condições indesejáveis (Krech e Crutchfield,1980).

Abraham Maslow fez um estudo sobre a motivação humana em variadas situações, tanto no lar como no trabalho e na sociedade (Moscovici, 2010). Ele distingue dois tipos de necessidades: de deficiência e de crescimento.

Maslow concebe as necessidades em hierarquia, alegando que, quando uma necessidade é satisfeita, aparece uma nova. Vale a pena rever as necessidades apresentadas por ele para entender o que faz o cliente buscar aquele fornecedor.

O autor categorizou as necessidades de deficiência como fisiológicas e de segurança. As fisiológicas dizem respeito à sobrevivência das pessoas (fome, sede, sono, por exemplo). As de segurança se referem à proteção contra dano físico e moral.

As necessidades de crescimento são sociais, de estima e de autorrealização. As sociais se referem ao nosso desejo de pertencer e ser aceito por um grupo. As necessidades de estima estão relacionadas ao desejo de ser respeitado, reconhecido e de ter atenção, e são importantes na interação com o cliente. As necessidades de autorrealização dizem respeito ao crescimento pessoal e profissional.

É relevante, leitor, saber que o cliente pode estar querendo suprir uma necessidade por motivos diferentes.

Tomamos como exemplo um curso corporativo do qual os funcionários são convidados a participar para desenvolver alguma habilidade. Se o funcionário participa do curso porque acha importante o desenvolvimento profissional, provavelmente ele está atendendo à necessidade de autorrealização, mas se é para não perder o emprego, então ele está atendendo à necessidade de segurança. Nesse caso, os argumentos serão diferentes.

No caso do funcionário que participou para atender à necessidade de autorrealização, se no curso são indicadas referências bibliográficas sobre o tema, provavelmente ele as observará e se utilizará delas para se aprofundar no assunto. Mas, para o funcionário que participou para atender à necessidade de segurança, provavelmente as referências não serão relevantes. Nesse caso, é melhor o professor conscientizá-lo de que, hoje, as empresas necessitam de pessoas qualificadas e atualizadas; então, participar de um curso é adequado para manter a empresa interessada em suas competências. A partir daí ele estará estimulado a aprender. Mas o professor só saberá disso se permitir que ele fale os motivos que o levaram a buscar aquele aprendizado. Portanto, sempre que um cliente busca um fornecedor, o profissional que o atende precisa ser um bom ouvinte para entender suas razões e, dessa forma, saber argumentar.

Para estabelecermos um bom relacionamento com nossos clientes, precisamos ouvir mais e só falar o estritamente necessário, para não deixá-los com a sensação de que foram mal atendidos. Agindo dessa forma, leitor, o profissional que está realizando o atendimento saberá como se comunicar com os clientes. Além disso, nossas palavras devem estar de acordo com os valores, crenças e sentimentos de nossos consumidores, para que não nos rejeitem por não pensarmos da mesma maneira e, portanto, aceitem o produto ou serviço oferecido pela empresa.

Identificação e confiança na construção do relacionamento com o cliente

A identificação de pontos de vista aproxima as pessoas com as quais temos de nos relacionar. Freud (1996:115) afirma que "a identificação é conhecida pela psicanálise como a mais remota expressão de um laço emocional com outra pessoa".

Para ilustrar essa questão da identificação, vamos contar-lhe o que aconteceu com um vendedor de uma fábrica de cerveja. Todos os dias, o vendedor recebia uma lista com o nome de clientes de bares para vender os produtos. Também constava da lista o perfil do cliente, com informações tais como: nome, estado civil e time de futebol. Ele era torcedor do Vasco e o cliente também. Para o vendedor, esse era o ponto de identificação e, por conta disso, ao conhecê-lo foi logo dizendo que era vascaíno. No entanto, o dono do bar não se sensibilizou e nem quis atendê-lo. No primeiro encontro, leitor, ele não conseguiu vender seus produtos. Então, fez outra tentativa de aproximação. Dessa vez, resolveu contar para o dono do bar que ele estava muito triste, pois seu filho era torcedor do Flamengo e ele era vascaíno. Foi aí que o dono do bar se sensibilizou, resolveu atendê-lo e fez a compra de cervejas, pois o filho dele também era flamenguista e ele era vascaíno. Esse era o ponto de identificação que aproximou o cliente do fornecedor.

Se quisermos construir um relacionamento de acordo com a situação e as expectativas do cliente, precisamos aprender a analisar suas características e seu estado de ânimo antes de agir, pois qualquer interação que o cliente tenha com a empresa é importante. Toda vez que ele entrar em contato, estará avaliando as ações das pessoas que o atendem e estabelecendo um juízo de valor. O mais importante para o cliente é saber que pode confiar nos serviços prestados por aquela empresa. É saber que, se houver algum problema, o funcionário estará pronto para resolvê-lo. Vamos lembrar um caso publicado pela revista *Veja* (Pimenta, 1999) que demonstra o quanto é importante estabelecer esse relacionamento de confiança. A modelo Gisele Bündchen, no início da carreira, trabalhava para a Agência Elite. John Casablancas fez um trabalho de marketing com a modelo e ela se tornou a *top model* número 1 do mundo. No auge de sua carreira, Gisele saiu da Elite e foi trabalhar na IMG. John Casablancas ficou possesso com sua saída. Já Gisele afirmou que deixou a Elite porque sua agente, Anne Nelson, que goza de sua inteira confiança, foi trabalhar na IMG.

Como você pode ter percebido, a modelo não estabeleceu um relacionamento de confiança com a agência Elite. Ela estabeleceu com a agente Anne Nelson. Como ela foi chamada para trabalhar em outra agência, Gisele preferiu seguir seus passos. Quem ganhou com isso? A agente Anne Nelson e a IMG. Não é à toa, leitor, que muitos clientes se mantêm fiéis a seus gerentes de bancos. Alguns clientes até chegam a trocar de banco quando o gerente é chamado para trabalhar em outra instituição financeira. Com certeza, os gerentes demonstraram cuidado, zelo e foram atenciosos com os clientes, que, por essa razão, continuam com eles. A forma como o cliente percebe o atendimento é muito importante.

Percepção do cliente no atendimento

Percepção é uma função cerebral que atribui significado a estímulos recebidos por meio dos nossos sentidos e os interpreta com base em experiências anteriores. É a forma como o indivíduo toma conhecimento de si, das pessoas e do mundo à sua volta.

O estudo da percepção é importante para entendermos a avaliação que o cliente pode atribuir ao atendimento. Tal avaliação estará de acordo com sua percepção, uma maneira subjetiva de ver as coisas. Os fatores que influenciam o processo perceptivo são: seletividade perceptiva, experiência prévia, condicionamento e fatores contemporâneos ao processo perceptivo. Vejamos cada um deles.

Seletividade perceptiva

Nossos órgãos sensoriais são simultaneamente atingidos por uma variedade de estímulos, porém só percebemos um subconjunto desses estímulos. Por conta disto, tendemos a perceber aspectos favoráveis nas pessoas de que gostamos e desfavoráveis nas que não nos agradam. No atendimento, os clientes podem ter avaliações diferentes de um mesmo funcionário. Para exemplificar, vamos relatar um caso que aconteceu no atendimento por uma funcionária, em uma farmácia, com duas clientes diferentes. Essa funcionária costumava checar de forma criteriosa a receita médica antes de entregar o remédio ao cliente. Uma das clientes que foi atendida por ela avaliou essa ação como positiva, pois a checagem evitava que o cliente levasse o remédio errado para casa. A outra cliente avaliou como negativa, por conta da demora da funcionária na checagem da receita para depois entregar o remédio. Portanto, é possível haver avaliações diferentes de um mesmo funcionário no atendimento.

Experiência prévia e consequente disposição para responder

Experiências passadas podem facilitar ou dificultar a percepção de estímulos já conhecidos. Para ilustrar, vamos relatar o que ocorreu em uma instituição de ensino. Uma das mães entrou em contato com um funcionário da instituição para dizer que sua filha não tinha entrado na escola para estudar no dia anterior porque a instituição não permitiu. O funcionário foi procurar saber o que tinha ocorrido e descobriu que uma das catracas da portaria, por onde a aluna deveria passar, estava enguiçada, com defeito. Ao informar a mãe da aluna sobre o defeito de uma das catracas, ele descobriu pelo relato da mãe que a aluna, em outra instituição de ensino, tinha sido barrada na portaria por não ter pago a mensalidade da escola. Em razão desse fato na outra instituição, a mãe entendeu que havia sido pelo mesmo motivo e, por isso, entrou em contato com a escola para reclamar.

Condicionamento

Pessoas de nível de escolaridade e culturas diferentes podem perceber uma mesma situação de forma diversa, e, por conta disso, podem ocorrer problemas de comunicação. Podemos citar, como exemplo, um fato que aconteceu com uma empresa de intercâmbio cultural. Uma família que abrigava um estudante americano reclamava que o rapaz não ajudava nas tarefas domésticas. O estudante alegava que não ajudava porque a família brasileira não permitia. Um dia, a gerente da empresa de intercâmbio foi à casa dessa família observar o que acontecia na hora do jantar. Ao terminar a refeição, a mãe levantava e ia lavar a louça, enquanto o estudante continuava sentado, comendo. Porém, quando o estudante terminou de jantar e levantou-se para lavar os pratos, a mãe disse que não precisava lavar. Ele, então, foi para o quarto estudar. A gerente indagou por que ela não deixou o estudante lavar a louça. A senhora disse que não precisava porque já tinha lavado todos os pratos e que ele deveria ter feito isso antes de ela começar a lavar. A partir dessa constatação, a gerente colocou no manual dos alunos que faziam intercâmbio no Brasil que o "não" podia significar "sim", pois, na cultura americana, "não" significava literalmente não.

Fatores contemporâneos ao fenômeno perceptivo

Estados de fome, sede, cansaço, estresse e tristeza são capazes de predispor a pessoa a determinada percepção. É um fator situacional, presente naquele momento, que pode levar a pessoa a avaliar aquela situação de uma forma bem diferente. Nem sempre os clientes são justos na avaliação do atendimento. Foi o que ocorreu com uma vendedora de automóveis. Ela atendeu um cliente que foi comprar um carro e, já no primeiro contato, ao dizer bom dia, o cliente respondeu que só se fosse para ela, pois para ele era um péssimo dia. Em um primeiro momento, ela percebeu que era um cliente difícil e estressado. Esse cliente fez uma série de exigências para comprar o carro, e a vendedora, com muito esforço, conseguiu atender a todas elas. No dia da entrega do carro, ele até chegou a comentar que estava surpreso por ela ter conseguido atender a todas as exigências. A vendedora então lhe entregou a pesquisa de satisfação para ele preencher. Em lugar de ele colocar a nota 10 nos itens da avaliação, ele colocava nota 7 ou 8. A vendedora, então, questionou por que ele não colocava a nota máxima. O cliente disse que só Deus merece nota 10. Diante dessa resposta e do esforço que fez para atendê-lo, a funcionária constatou que é muito difícil agradar clientes que se sentem insatisfeitos por outros motivos. Outro fenômeno que pode acontecer na interação com o cliente é o que os psicanalistas chamam de transferência de sentimento.

Transferência de sentimento

Transferência é

> a projeção pelo indivíduo de um estado afetivo sobre determinada pessoa, mais precisamente, os sentimentos que o indivíduo sente hoje em relação a essa pessoa, o modo como age, reproduzindo uma atitude antiga em relação a uma figura importante de seu passado (Kets de Vries e Miller, 1996:104).

Trata-se, antes de tudo, de um fenômeno inconsciente que faz emergir um "fantasma", o qual vê na resposta do outro um relacionamento que teve, por exemplo, com alguém da família. As pessoas em geral desconhecem essa situação. Se, por um lado, esse fenômeno pode aproximar as pessoas, por outro lado pode acarretar um rompimento entre cliente e fornecedor.

Para ilustrar tal fenômeno, vamos relatar um caso que ocorreu entre uma arquiteta e sua cliente. A arquiteta tinha um escritório e era uma profissional competente. Fez um projeto para a reforma de uma casa em conjunto com a cliente. Para a arquiteta, o projeto estava pronto. Mas a cliente lhe telefonou e disse que queria modificar a cozinha. A arquiteta então falou: "Não, deste jeito não dá para fazer". Nesse momento, a cliente retrucou: "Eu não vou mais fechar este negócio com você". A arquiteta ficou sem saber por que ela tinha perdido a cliente, uma vez que seu projeto atendia a todos os requisitos. Para se certificar disso, consultou outros colegas. E todos disseram que o projeto estava correto. Então, o que aconteceu? Aconteceu que a arquiteta disse *não* para a cliente. Nesse momento, a sensação que a cliente teve foi a de ter visto alguém do seu passado, como pai, mãe etc., dizendo não. Ela saiu de uma relação real, que era com a arquiteta, e, em segundos, entrou em uma relação transferencial, isto é, sentiu como se fosse outra pessoa falando com ela. A comunicação nesse momento é interrompida quando há uma transação cruzada.

É comum acontecer de o cliente procurar o gerente para dizer que vai continuar com os serviços prestados por aquela empresa, mas, para isso, não quer mais ser atendido pelo funcionário que prestou o atendimento. Na maioria das vezes, quando esse fato acontece, é porque ocorreu a transferência de sentimento. Quando o cliente faz a solicitação de não ser mais atendido por determinado funcionário, é necessário colocar outro para atendê-lo a fim de reter o cliente na empresa. Geralmente, as empresas colocam funcionários hábeis no trato com o cliente para continuar o atendimento. Se a empresa só tiver aquele funcionário mencionado pelo cliente para atender, então, é necessário instruí-lo para evitar contestações nas solicitações que o cliente fizer. Se houver algum pedido que não seja possível realizar, é melhor deixar o gerente expor as razões da impossibilidade da solicitação com o cliente. O importante é contornar a situação para não gerar uma reclamação.

Lidando com o cliente que reclama dos serviços prestados

Todo cliente é uma pessoa. Como ser humano, deseja ser respeitado, aprovado nas suas decisões, ter sensação de conquista. Quando se sente desrespeitado, defende-se como pode. Se, por exemplo, compramos um telefone celular, esperamos ter sinal para falar onde quisermos; no entanto, muitos clientes ficam sem conseguir se comunicar por não haver antenas suficientes na comunidade. Se compramos uma mesa, cama ou sofá em uma loja de móveis, esperamos que seja entregue na data acordada, porém muitos clientes não conseguem que a mercadoria chegue no dia combinado. Westbrook e Oliver (1991) lembram que a insatisfação pode comportar sentimentos diversos, que vão da decepção à raiva, passando por medo, vergonha e irritação.

A reclamação acontece quando o cliente se depara com algum problema que não espera que ocorra no atendimento; por isso, protesta de alguma forma.

Toda vez que a satisfação em adquirir algum produto ou serviço encontra barreiras, ocorre o que os psicanalistas chamam de frustração. É uma tensão que nos deixa em estado de desequilíbrio. Não é à toa que, quando somos mal atendidos, relatamos o fato para várias pessoas como uma maneira de resgatar o equilíbrio que foi temporariamente desfeito.

Assim, o correto é escutar o que o cliente tem a dizer, sem interrupções. Dimitrius e Mazzarella (2009) mencionam que, quando a pessoa estiver desabafando, é conveniente ficar quieto e deixar que alivie o coração, pois estará mais disposta a ouvi-lo depois que tiver desabafado um pouco. Feito isso, o funcionário deve avaliar as possibilidades e orientar o cliente para que ele consiga solucionar o problema. Se houve falhas no serviço prestado, então é melhor pedir desculpas e imediatamente corrigi-la. Dependendo da situação, é melhor compensar o cliente pelo transtorno causado. A compensação alivia o estado de tensão, aborrecimento, estresse. A reclamação feita pelo cliente diretamente à empresa é uma oportunidade, e o funcionário deve até agradecer por ele ter entrado em contato para solucionar o problema. Afinal, o cliente poderia ter colocado na internet, procurado um órgão de defesa ou entrado com uma ação na Justiça. Muitas reclamações são geradas pela falta de cuidado dos funcionários com os clientes, por exemplo:

❏ não valorizar o cliente – se o cliente necessitou dos serviços prestados por aquela empresa, então trate-o com todo o respeito, mesmo que ele não esteja se expressando corretamente ou não esteja vestido da maneira que você gostaria. Para ilustrar, vamos relatar um caso que ocorreu com uma estudante em uma universidade ao querer se matricular para o curso de medicina. A funcionária que a atendeu disse o seguinte para a estudante: "Você vai se matricular para o curso de medicina? É caro, hein?" A funcionária praticamente disse que a estudante não tinha dinheiro para pagar o curso. No mercado varejista, alguns vendedores costumam mostrar às clientes as peças que estão em promoção na loja sem ao menos saber se elas querem comprar as peças mais baratas. Essa é uma forma de desvalorizar o cliente. Portanto, não se deve fazer nenhum tipo de comentário desse tipo com o cliente ao prestar um serviço ou vender um produto;

❏ preconceito – cuidado com o olhar ou a fala irônica. Vamos dar um exemplo: é muito comum clientes irem comprar carro vestidos com camiseta e bermuda. Alguns vendedores olham esse cliente de cima abaixo, mostrando que aquele tipo de roupa não é para quem entra numa loja para comprar um carro. No entanto, leitor, conhecemos vários casos de clientes que entraram para comprar de bermuda, chinelo, roupa simples e fizeram uma grande compra. Foi o que aconteceu em uma concessionária de caminhões. O cliente entrou na loja de bermuda e cheirando a peixe. Os vendedores não aguentaram o odor e saíram de perto para não atendê-lo. A única que não se importou com o cheiro e o traje do cliente foi uma vendedora. Esse cliente simplesmente comprou cinco caminhões com ela, pois o negócio dele era uma peixaria. No final do mês, ela recebeu uma elevada comissão sobre as vendas;

❏ fazer o cliente se sentir abandonado – isso tanto pode acontecer pessoalmente como por telefone. Se o cliente entrou numa loja, o profissional deve imediatamente falar com ele ou, como mencionado, fazer um sinal de que irá atendê-lo se estiver ocupado. Por telefone não se deve deixar o cliente esperando na linha sem lhe dar um *feedback*, pois, se o funcionário não falar nada, a sensação que o cliente terá é de ter sido abandonado;

❏ fazer o cliente se sentir enganado – se um cliente comprar um produto novo e o mesmo apresentar um defeito, ele se sentirá enganado pelo fabricante. Se você prometer entregar um produto ou executar um serviço em um dia e não o fizer nem der satisfação para o cliente, o mesmo terá a sensação de que foi enganado;

❏ expor o cliente a uma situação constrangedora. Muitos clientes compram a crédito ou com cheque. As empresas verificam, por meio do Serasa ou Serviço de Proteção ao Crédito (SPC), se é possível realizar a venda, se não há restrições. No caso de haver restrição, a empresa pode não aceitar. Se assim for, o cliente deve ser informado de que o crédito não foi aprovado e a razão de não ter sido. O fornecedor deve falar com ele em um local reservado ou em voz baixa, para

que outras pessoas não ouçam e o cliente não seja colocado numa situação constrangedora;
❏ fazer o cliente se sentir desrespeitado – existem várias formas de fazer com que um cliente se sinta desrespeitado. Uma delas é violando seus direitos como consumidor. Portanto, certifique-se de que o procedimento é legal, para não cometer erros. Hoje, existe um código que protege os direitos dos consumidores. Portanto, a conduta da empresa deve estar de acordo com a lei. Falaremos sobre isso no capítulo 3;
❏ fazer comentários sobre problemas internos organizacionais na frente do cliente – é muito comum funcionários falarem sobre eventuais descontos aplicados sobre o salário do mês, a hora extra que não foi paga, o mau humor do chefe ou a falta de organização da empresa. Lembre-se de que o cliente não pode tomar conhecimento de nenhuma falha da empresa. O cliente pode até dizer que aquela empresa é desorganizada, mas o funcionário não deve falar mal da empresa que o emprega.

Diante disso, leitor, você acha que é fácil interagir com o cliente e fazer com que ele se sinta bem atendido? Se sua resposta for negativa, você está de parabéns, pois são raros aqueles que nascem sabendo atender clientes. Essa é uma competência que deve ser desenvolvida levando-se em conta que cliente e fornecedor são pessoas. O estudo sobre as múltiplas inteligências, apresentado a seguir, nos ajuda a entender a importância do desenvolvimento das inteligências interpessoal e intrapessoal para obtenção de excelência no atendimento ao cliente.

Múltiplas inteligências

Como lembra Vergara (2013:195), Gardner define inteligência como: "capacidade de resolver problemas ou elaborar produtos que são importantes num determinado ambiente ou comunidade cultural". O autor menciona sete inteligências e ainda afirma que o ser humano se desenvolve e adquire conhecimentos e habilidades pelo estímulo adequado a uma ou mais dessas inteligências. Esse estudo é interessante para entendermos que podemos ter sucesso na música, no esporte, no teatro, na literatura, na administração, na economia, no direito e no atendimento ao cliente. As inteligências mencionadas por Gardner foram:

- musical – é a capacidade de lidar com a música. Quem tem essa capacidade bem desenvolvida gosta de sons e cria melodias. Podemos citar Tom Jobim, Elis Regina, Gonzaguinha, Vinicius de Moraes, João Bosco etc.;
- corporal-cinestésica – é a capacidade de utilizar o corpo para resolver problemas. Aqui temos como exemplos Ana Botafogo, Deborah Colker, Carlinhos de Jesus, Neymar, Pelé;
- lógico-matemática – é a capacidade dos cientistas, matemáticos e pessoas que usam o raciocínio lógico para resolver problemas. Nesse caso, Albert Einstein é um exemplo;
- linguística – é o dom dos poetas, prosadores e oradores. Podemos mencionar, nesse caso, Gloria Perez, Machado de Assis, Clarice Lispector, Monteiro Lobato, João Emanuel Carneiro;
- espacial – é a capacidade de determinar as direções no espaço. Arquitetos, engenheiros, pintores como Di Cavalcanti e Romero Brito têm essa capacidade bem desenvolvida;
- interpessoal – é a capacidade de relacionamento com as outras pessoas. É entender o que estão sentindo, o que as motiva agir daquela maneira e saber tratá-las de acordo com a situação. Professores, psicólogos, assistentes sociais, relações públicas, bons vendedores, gerentes de atendimento e ouvidores têm essa capacidade;

❑ intrapessoal – refere-se à capacidade de discriminar emoções e utilizá-las como uma maneira de entender e orientar o próprio comportamento. É reconhecer nossas forças e fraquezas, desejos e medos, e adaptar a nossa maneira de agir com base nesse conhecimento.

Vamos relatar o que ocorreu com um funcionário após ter participado de um curso de atendimento ao cliente. O funcionário relatou que houve uma melhora no atendimento aos clientes da empresa na qual trabalhava, por ele ter constatado que o problema não estava com os clientes, e sim com ele, que não tinha a mínima paciência para ouvir as razões das insatisfações dos consumidores. O grande *insight* foi ter percebido que ele era uma pessoa impaciente. Sua atitude mudou, as reclamações foram solucionadas e os clientes ficaram satisfeitos.

No atendimento ao cliente, é importante desenvolver a inteligência interpessoal e a intrapessoal. A capacidade de lidar com sentimentos pode ser aprendida e aperfeiçoada. Essa aprendizagem significa competência interpessoal (Moscovici, 2010). Para entender o comportamento de nossos clientes e atendê-los de acordo com suas expectativas, investir no autoconhecimento torna-se necessário.

Importância do autoconhecimento

Joseph Luft e Harry Ingham, citados por Moscovici (2010), desenvolveram um estudo para entender o processo da percepção de um indivíduo em relação a si mesmo e aos outros. Esse estudo é conhecido como a Janela de Johari e considera que existe uma característica conhecida por nós e por qualquer um que nos observe, designada como "eu aberto". Você, leitor, pode se reconhecer como uma pessoa organizada e seus colegas e família também perceberem esta característica.

Existe também uma característica que nós conhecemos, mas os outros não conhecem. Os autores a chamaram de "eu secreto". É quando, por exemplo, você diz para alguém que é estressado e o outro fica espantado, pois você sempre aparentou ser uma pessoa calma.

Outro aspecto a ser considerado é saber que existe uma característica que nós não conhecemos e que os outros conhecem. Eles designaram como "eu cego". É quando, por exemplo, alguém chega perto de você e lhe diz que você foi muito autoritário com uma pessoa e você fica espantado com o *feedback*. Você até justifica, dizendo que nem percebeu, e tem toda a razão em dizer que não reconhece. Daí por que o estar em grupo é bom para o nosso crescimento pessoal e profissional. Os *feedbacks* nos ajudam a conhecer nosso "eu cego". Luft e Ingham argumentam que há evidências que é nessa área que somos mais críticos com o comportamento dos outros, sem perceber que agimos da mesma maneira.

Eles também descobriram que existe uma característica nossa que não conhecemos e que os outros também desconhecem. Eles a chamaram de "eu desconhecido". Imagine uma situação na qual você fica espantado com alguma reação que teve em determinado momento. Você até diz: "Nossa! Eu consegui sair com coragem daquela situação". Luft e Ingham asseguram que nessa área estão nossas potencialidades latentes. Portanto, existem habilidades que podem ser desenvolvidas em idade avançada e trazer sucesso. Hoje é comum ver muitas pessoas que se aposentam abrirem um negócio e prosperarem.

O estudo de Luft e Ingham é interessante por vários motivos. São eles:

❏ se queremos prestar um bom atendimento, precisamos nos conhecer melhor;
❏ nem sempre estamos conscientes do que fazemos com os outros;

❏ se várias pessoas estão dizendo que você tem uma característica, então pare e pense um pouquinho no que os outros estão dizendo de você. Procure observar esse comportamento quando ocorrer;
❏ não acredite no que somente uma pessoa estiver dizendo a seu respeito. Pode ser uma projeção, isto é, quem tem aquela característica é a pessoa, e não você. Segundo Bock, Furtado e Teixeira (2008:53), a projeção acontece quando "o indivíduo projeta algo de si no mundo externo e não percebe aquilo que foi projetado como algo seu que considera indesejável". É um mecanismo de defesa. Isso é bom saber para você não ficar com a autoestima baixa;
❏ eleve sua autoestima, pois existem habilidades em você que não foram exploradas.

Esse estudo contribui para entendermos a complexidade da personalidade humana e das relações interpessoais e investirmos mais no autoconhecimento para compreendermos melhor nossos clientes.

Neste capítulo, vimos os desafios do atendimento e as diversas formas de denegrir a imagem da empresa, a relevância do atendimento às expectativas, necessidades e desejos dos clientes e as variadas formas de avaliação do atendimento, de acordo com a percepção do cliente. Vimos também a transferência de sentimento como um fenômeno inconsciente na interação entre cliente e fornecedor, os cuidados que devemos ter quando um cliente reclama de alguma falha no produto ou serviço e a importância de desenvolver a inteligência interpessoal e a busca do autoconhecimento como um fator determinante na melhoria do relacionamento com o cliente. Agir de forma ética e respeitar seus direitos como consumidores é o que veremos no próximo capítulo.

3

Código de ética e responsabilidade social

As relações entre fornecedor e cliente devem estar pautadas em uma conduta ética e no respeito aos direitos dos consumidores. Afinal, leitor, para uma empresa ser considerada socialmente responsável, deve respeitar as leis do país. A quebra da confiança nessa interação fornecedor/cliente, por não atendimento das expectativas dos clientes quanto aos serviços e/ou produtos oferecidos pelas empresas, levou-os a um estado de insatisfação tal que os cidadãos já apresentam diversas iniciativas para defesa dos seus interesses, como foi apresentado no capítulo 1. Os dirigentes de empresas perceberam que ética significa a sobrevivência das organizações.

Neste capítulo, veremos os fundamentos da ética, a importância do código de ética nas organizações e o respeito aos direitos dos consumidores. Também veremos a atuação dos órgãos judiciais e de defesa do consumidor, como o Procon, e a divulgação da responsabilidade social empresarial por meio do relatório de sustentabilidade e o balanço social como uma forma de as empresas serem vistas pelos consumidores com admiração e respeito. Também apresentaremos a Norma SA 8000, os indicadores Ethos e a ISO 14000.

Fundamentos da ética

A ética tem seus fundamentos na filosofia. "É uma reflexão sobre a conduta e os princípios que permitem separar o bem e o mal, o certo e o errado" (Thiry-Cherques, 2009:2). Sócrates, Platão e Aristóteles foram pensadores que se dedicaram ao tema. Eles consideravam como foco da ética a educação do caráter humano visando conter os instintos individuais e orientando para o bem.

A ética está voltada para a ação do ser humano. Ela pergunta, diante de cada situação, qual é a ação mais adequada. A ética está no cotidiano. Como lembra Morente (1980:254), "o homem vive, trabalha, produz; o homem faz comércio com outros homens, estabelece instituições morais, políticas e religiosas".

Para Morente (1980:254), a

> consciência moral tem uma série de princípios em razão dos quais os homens regem suas vidas. Esses princípios são ajustados à sua conduta e, de outra parte, os homens têm nos valores uma base para formular juízos morais acerca de si mesmos e dos que os rodeiam.

Gurgel e Rodriguez (2009) mencionam que a ética se converte em norma, em código – por exemplo, o código de ética de uma organização. O conhecimento da ética é fundamental nas atividades profissionais e gerenciais.

Código de ética

Muitas organizações procuram criar seu código de ética. Essa tendência está se entranhando no mundo empresarial. Os cidadãos em todo o mundo já sinalizam para a intolerância com relação à corrupção, ao erro e à malícia. Vencer esse círculo vicioso exige determinação. O código de ética é um instrumento eficaz para nortear a conduta moral de acionistas, funcionários, fornecedores, distribuidores, governo, *stakeholders* em geral. Portanto, deve ser utilizado para fundamentar decisões que envolvem julgamentos sobre o destino de pessoas e grupos. A data de publicação da maioria dos códigos de ética no Brasil é da década de 1990 (Arruda, 2002).

Empresas declaram sua missão, visão e seus valores. Missão é a razão de existir da empresa. Visão é aonde ela quer chegar. Já a declaração de valores fornece aos *stakeholders* a visão ética da empresa, os valores que a organização estabelece para a conduta dos funcionários. A contribuição social de um profissional se revela na sua competência do ponto de vista técnico e moral, sublinhada pela ética.

Ter uma conduta ética para com o cliente é importante para não deixá-lo insatisfeito. Vamos relatar um caso que aconteceu com uma cliente e um fornecedor de assistência técnica de telefone. A cliente chamou a assistência técnica para consertar o telefone na sua residência. À noite, ao retornar do trabalho, a cliente resolveu verificar o conserto do telefone e descobriu que o técnico, em vez de trocar o *plug* do telefone, colocou um arame e cobrou um novo *plug* na nota. A cliente ligou para o gerente e relatou o ocorrido. O gerente, em tom de brincadeira, disse que a cliente iria levar um choque ao tocar no *plug*. A cliente retrucou dizendo que estava chocada com as palavras dele e que a atitude antiética do funcionário retratava a chefia que tinha. No dia seguinte, o técnico foi à sua residência e reexecutou o serviço. A cliente, depois, trocou o fornecedor. Portanto, tanto o pessoal da assistência técnica quanto o da gerência e os funcionários da retaguarda, que dão suporte ao serviço, devem se empenhar para atender da melhor forma possível os clientes da empresa. E, para fazer isso, a empresa explicita no código de ética o comportamento esperado de todos os seus membros.

Os tópicos abordados no código de ética são: o respeito às leis do país, direitos e deveres dos funcionários, proteção do patrimônio da instituição, relação com fornecedores, respeito ao meio ambiente, transparência nas comunicações internas e com os *stakeholders* da organização, práticas de suborno e corrupção em geral, propriedade de informação, contratos com governo, assédio profissional, relacionamento com o cliente, entre outros.

Um dos tópicos do código que nos interessa é o que trata do relacionamento com o cliente. É bom tomar conhecimento do código de ética da organização, pois muitos clientes, quando ficam satisfeitos com um serviço prestado, costumam presentear os funcionários da empresa. Existem códigos que determinam que o funcionário devolva gentilmente o presente. Outros permitem que ganhem brindes dos clientes, tais como: agenda, chaveiro, boné. Portanto, é bom saber o que o código permite, leitor, que os funcionários recebam dos clientes que estão satisfeitos com o serviço.

Empresas têm proporcionado programas de educação para gerentes e funcionários para discussão das condutas, dos valores e dilemas éticos. Esses programas possibilitam aos participantes reconhecer suas responsabilidades e se aprofundar nos critérios éticos para fundamentar as tomadas de decisão. A educação para a ética possibilita desenvolver habilidades de raciocínio crítico necessárias à resolução de dilemas éticos na organização. Mas, na relação entre cliente e fornecedor, existe uma regra geral de conduta, que é o Código de Proteção e Defesa do Consumidor, e é nele que devemos nos basear para tomar decisões referentes aos clientes.

Código de Proteção e Defesa do Consumidor (CDC)

Cada país tem um código do consumidor; portanto, a forma de se relacionar com o cliente tem de estar de acordo com a lei. No Brasil, o Código de Proteção e Defesa do Consumidor (CDC) entrou em vigor em março de 1991 e revolucionou a forma de os fornecedores/prestadores de serviços (públicos ou privados) se relacionarem com os clientes. Com a entrada do CDC, os conceitos de fornecedor e de consumidor foram assim definidos:

> Art. 2º. Consumidor é toda pessoa física ou jurídica que adquire ou utiliza produto ou serviço como destinatário final.
> Art. 3º. Fornecedor é toda pessoa física ou jurídica, pública ou privada, nacional ou estrangeira, bem como os entes despersonalizados, que desenvolvem atividades de produção, montagem, criação, construção, transformação, importação, exportação, distribuição ou comercialização de produtos ou prestação de serviços.
> [...]
> §2º. Serviço é qualquer atividade fornecida no mercado de consumo, mediante remuneração, inclusive as de natureza bancária, financeira, de crédito e securitária, salvo as decorrentes das relações de caráter trabalhista.

Hoje, existe uma regra geral de conduta das empresas com seus clientes.

> E o objetivo desta relação está explicitado no art. 4º do CDC, o qual diz:
> A Política Nacional das Relações de Consumo tem por objetivo o atendimento das necessidades dos consumidores, o respeito à sua dignidade, saúde e segurança, a proteção de seus interesses econômicos, a melhoria da sua qualidade de vida, bem como a transparência e harmonia das relações de consumo, atendidos os seguintes princípios:(a) princípio da vulnerabilidade; (b) da adequação do binômio segurança e qualidade; (c) da boa-fé

objetiva; (d) da solidariedade; (e) da informação; (f) da responsabilidade civil objetiva e (g) do acesso à justiça, entre outros. O art. 4º, inciso I trata do princípio da vulnerabilidade do consumidor. Foi este inciso que deu origem ao código. Ele trata da vulnerabilidade técnica, isto é, da falta de informação sobre o produto ou serviço para o consumidor. E, também, da vulnerabilidade fática, vale dizer, quando o consumidor precisa de um serviço que só pode ser prestado por um fornecedor, bem como da vulnerabilidade econômica porque, em regra, o consumidor tem menos recursos que o fornecedor (Vergara, 2003:38).

O princípio da adequação do binômio segurança e qualidade exige que o produto ou serviço seja seguro, ausente de riscos e eficaz, correspondendo aos anseios do consumidor. O princípio da adequação do binômio segurança e qualidade obrigou o fornecedor a não lançar no mercado produto ou serviço com defeito. Se ele assim o fizer, e der causa a um acidente de consumo, responderá pelo acidente. Só não responderá se provar que seu produto não padece de defeito. Ao consumidor, basta a chamada "prova de primeira aparência", que permita um juízo de probabilidade. Tal medida obrigou as empresas a fazerem o *recall*, ou seja, chamar o consumidor para sanar a falha do produto ou serviço oferecido pelo fornecedor (Vergara, 2003).

"O princípio da boa-fé objetiva determina que as partes ajam de forma honesta antes, durante e depois do contrato" (Vergara, 2003:39). A boa fé é recíproca tanto para o fornecedor quanto para o consumidor. O fornecedor tem que agir como uma pessoa proba, respeitando os legítimos interesses e expectativas do consumidor quanto ao produto ou serviço oferecido, sem causar lesão moral ou física. O consumidor também tem de prestar todas as informações solicitadas, por exemplo, pelos planos de saúde e seguro de carros, entre outros, antes de fechar o negócio com o fornecedor (Vergara, 2003).

O princípio da solidariedade considera que todos que participam da cadeia de eventos respondem solidariamente. O CDC permite que o consumidor acione o fornecedor mais próximo.

O princípio da informação é o dever que tem o fornecedor de dar informações claras, corretas e precisas sobre o produto a ser vendido, o serviço a ser prestado ou o contrato a ser firmado (Cavalieri Filho, 2000).

O princípio da responsabilidade civil objetiva do fornecedor desconsidera o elemento culpa, pois é um conceito subjetivo. O consumidor tem de provar que o dano foi causado pelo produto ou serviço e o fornecedor tem de provar que não houve nexo causal.

O princípio do acesso à Justiça consiste no direito que se reconhece a todo cidadão de obter a prestação jurisdicional.

A utilização desses princípios é importante no atendimento, pois o funcionário de uma empresa de concessão de financiamento, por exemplo, pode não conceder o empréstimo ao cliente caso perceba que esse cliente não terá como honrar o compromisso. Nesse caso, o funcionário baseará sua decisão respeitando o princípio da proteção dos interesses econômicos do consumidor.

Os procedimentos internos das organizações devem estar alinhados com o direito do consumidor. A utilização prática das normas expressas na lei deve ser seguida pelas empresas interessadas em preservar os direitos dos consumidores. Destacam-se, entre outros procedimentos, os a seguir mencionados no Código de Proteção e Defesa do Consumidor e aqui comentados. São eles:

❏ o fornecedor de serviços responde pelos vícios de qualidade, podendo o consumidor exigir a reexecução do serviço ou a restituição da quantia paga, acrescida de correção monetária, ou abatimento proporcional do preço;

❏ o fornecedor é obrigado a fazer as advertências sobre os riscos que os produtos e serviços possam causar aos consumidores. Portanto, todas as informações devem ser transmitidas ao consumidor. Esse artigo obrigou as indústrias de cigarro, por exemplo, a alertar os consumidores, no maço de cigarros, sobre os riscos que o fumo acarreta;
❏ todos os fornecedores respondem solidariamente quanto aos vícios de qualidade apresentados pelos produtos e serviços. Se, por exemplo, um consumidor comprar um sapato com defeito de fabricação em uma loja e reclamar, o comerciante terá de trocar ou restituir a quantia paga. Depois, o comerciante aciona o fabricante para fazer a troca ou restituir a quantia paga pelo comerciante ao cliente. O CDC permite que o consumidor possa acionar o fornecedor mais próximo;
❏ substituição de componentes por outros usados ou diferentes dos recomendados pelos fabricantes só pode ser feita com autorização do consumidor. Para tentar demonstrar que a peça trocada não era usada, as oficinas de carro costumam mostrar aos consumidores, quando vão pegar o carro consertado na oficina, a peça substituída e a embalagem da peça nova utilizada;
❏ os produtos impróprios por qualquer motivo, entre eles os que se encontram com prazo de validade vencido, não podem ser vendidos e, se o forem, por falha nos processos internos do estabelecimento, devem ser trocados imediatamente pelos fornecedores;
❏ informações ou comunicação publicitária obrigam o fornecedor a cumpri-las. Portanto, o consumidor pode exigir o cumprimento forçado da obrigação, nos termos da oferta, apresentação ou publicidade dos produtos ou serviços. Sempre que o anúncio for capaz de induzir o consumidor a erro, mesmo que esta não seja a intenção do anunciante, caracterizada estará a publicidade enganosa, passível do que dispõe o Código de Defesa do Consumidor;

- o fornecedor, na publicidade de seus produtos e serviços, manterá em seu poder os dados fáticos, técnicos e científicos que dão sustentação à mensagem. Se a empresa anunciar que é líder no mercado, então ela deverá ter dados técnicos para comprovar tal liderança;
- as informações devem ser precisas, corretas, ostensivas e em língua portuguesa, sobre as características, a qualidade, a quantidade, a composição, o preço, a garantia, o prazo de validade e a origem dos produtos e serviços;
- é proibido fazer venda casada. O fornecedor não pode condicionar a venda de um produto à aquisição de outro produto, similar ou não. Antigamente, por exemplo, era comum vendedores de cerveja condicionarem essa venda à aquisição de água tônica;
- os serviços só podem ser executados com orçamento prévio, do qual devem constar os valores da mão de obra e dos materiais, as condições de pagamento, bem como as datas de início e término dos serviços. Salvo estipulação em contrário, o valor orçado terá validade pelo prazo de 10 dias, contados de seu recebimento pelo consumidor.
- as quantias cobradas indevidamente devem ser restituídas em dobro ao consumidor;
- o consumidor deve ser informado sobre lançamento de informações comprometedoras em bancos de dados, por exemplo, débitos prescritos ou antigos. O fornecedor deve retificar as informações incorretas. De acordo com o art. 43, §2º do CDC, "a abertura de cadastro, ficha, registro e dados pessoais e de consumo deverá ser comunicada por escrito ao consumidor quando não solicitada por ele";
- o consumidor tem o prazo de sete dias para trocar os produtos comprados fora do estabelecimento comercial, ou seja, compras por telefone ou pela internet. Também tem o direito

de receber como amostra grátis tudo que lhe for fornecido sem sua solicitação;
- as cláusulas do contrato devem favorecer o consumidor, preservando seus direitos. O consumidor deve tomar conhecimento prévio das cláusulas contratuais. Portanto, é necessário dar ao consumidor oportunidade de ler o contrato antes de assiná-lo;
- o consumidor tem direito a desconto proporcional se quitar o pagamento da venda a crédito;
- para venda de produtos e serviços que envolvam crédito ou concessão de financiamento, é obrigatório informar: preço do produto, montante de juros de mora, acréscimos legalmente previstos, número e periodicidade das prestações e soma total a pagar com e sem financiamento;
- o prazo para reclamar pelos vícios de produtos não duráveis é de 30 dias e de produtos duráveis é de 90 dias. Produtos não duráveis exaurem-se no primeiro momento de uso (ex: material de limpeza e comida). Produtos duráveis são os que têm uso reiterado e não se exaurem no primeiro momento de uso (ex.: carro, roupa, geladeira, celular etc.);
- o fornecedor tem de entregar o termo de garantia adequadamente preenchido e com especificação clara de seu conteúdo no ato do fornecimento, acompanhado de manual de instrução, de instalação e uso de produto em linguagem didática, com ilustrações;
- a garantia contratual é complementar à legal e será conferida mediante termo escrito. A garantia contratual exige termo escrito (art. 50 CDC), que deve ser padronizado, visando esclarecer, de maneira uniforme, em que consistem a garantia, a forma, o prazo e o lugar em que pode ser exercida e os ônus a cargo do consumidor (parágrafo único do art. 50 CDC). Se, por um lado, a garantia legal é de cunho obrigatório (art. 24 do CDC), a garantia contratual, por outro, tem, em razão

da sua facultatividade, natureza complementar (art. 50 do CDC). A garantia legal, como prevê o art. 24 do Código, é de adequação do produto ou serviço, o que significa dizer qualidade para atingir o fim a que se destina o produto ou o serviço, segurança para não causar danos ao consumidor, durabilidade e desempenho.

❏ os produtos e serviços devem estar de acordo com as normas expedidas pelos órgãos oficiais competentes, ou, se normas específicas não existirem, pela Associação Brasileira de Normas Técnicas (ABNT) ou outra entidade credenciada pelo Conselho Nacional de Metrologia, Normalização e Qualidade Industrial (Conmetro).

Juizados especiais cíveis e Procon

Como você pode perceber, leitor, o Código de Proteção e Defesa do Consumidor modificou a forma de se relacionar com o cliente. Se houver um conflito, ou seja, uma falha no serviço, o fornecedor deverá fazer o que a lei determina. Hoje, existem os juizados especiais cíveis, criados em 1984, para julgar, entre outras causas, as referentes às relações de consumo até o valor de 40 salários mínimos. Eles são mais ágeis que a Justiça comum. Hoje os consumidores preferem entrar na Justiça quando um fornecedor infringe a lei. Portanto, uma empresa socialmente responsável necessita respeitar as leis do país. Além dos juizados especiais cíveis e da Justiça comum, o consumidor também pode recorrer ao órgão de Proteção e Defesa do Consumidor (Procon).

O Procon, como mencionado no capítulo 2, é um órgão de administração pública, integrante do Sistema Nacional de Defesa do Consumidor. O consumidor o procura para tirar dúvidas sobre seus direitos ou solucionar algum problema com um fornecedor. Depois, o pessoal do Procon faz um registro. Esse registro é denominado Cadastro de Reclamações Fundamentadas, mostrado no quadro 1. Nele consta o nome fantasia ou razão social, o tipo de problema e se o fornecedor atendeu ou não à reclamação do cliente.

Quadro 1
Cadastro de Reclamações Fundamentadas do Procon

Nome fantasia/ razão social	Problema	Atendido	Não atendido	Total
	Produto não entregue			
	Produto com vício ou defeito			
	Dano material decorrente do serviço			
	Publicidade enganosa			
	Cobrança indevida			

Fonte: Procon-SP (2013).

O Cadastro de Reclamações Fundamentadas demonstra que o direito do consumidor impacta as áreas de logística, marketing, contabilidade, operações e produção.

Vamos relatar um caso que ocorreu em uma instituição de ensino. A empresa solicitou um curso de atendimento ao cliente para o pessoal da linha de frente, ou seja, da recepção, pois os clientes estavam insatisfeitos com os serviços prestados.

Na fase de diagnóstico, foi constatado que os clientes estavam reclamando de publicidade enganosa porque a instituição de ensino estava prometendo colocação no mercado de trabalho após o final do curso e isso não acontecia. Também reclamavam de cobrança indevida, pois os ex-alunos estavam recebendo boleto para pagamento de mensalidade após concluírem o curso. Diante desses transtornos causados aos clientes pela instituição, a empresa contratada para ministrar o curso solicitou, então, a participação, no treinamento, do pessoal das áreas de contabilidade e de marketing.

Ao final do curso, o funcionário da área de contabilidade relatou que não tinha noção de que uma falha no serviço que prestava gerava prejuízo para empresa, visto que o cliente podia pleitear seus direitos na Justiça e a instituição teria que pagar uma indenização. Esse funcionário não percebia o quanto seu trabalho causava insatisfação ao cliente, pois ele trabalhava diretamente com um gerente que não chamava sua atenção para esse problema.

Portanto, a noção de que o pessoal da retaguarda precisa trabalhar focado na satisfação do cliente é necessária e possível. Falhas no processo produtivo podem acontecer, pois as pessoas podem cometer erros, porém uma supervisão do serviço se faz necessária para não causar transtornos ao cliente. Diante disto, há de se ter muito cuidado com o serviço a ser executado.

Outra contribuição do Cadastro de Reclamações Fundamentadas foi mostrar o tipo de reclamação que ocorre em certos setores da economia. Não é à toa que o cliente desconfia da venda de produtos e serviços de certas organizações. Talvez você, leitor, já tenha passado por algum transtorno ou conheça alguém que teve os tipos de problemas mencionados no quadro 2. Veja:

Quadro 2
Tipos de reclamações em diversos setores da economia

Móveis	Atraso na entrega; problemas de montagem.
Telefonia	Cobrança indevida.
Eletroeletrônicos	Defeitos de fabricação.
Serviços bancários	Cobrança indevida.
E-commerce	Não entrega; demora na entrega do produto.

Fonte: Procon-SP (2013).

Diante dessa constatação, é necessário que a empresa se organize e invista na excelência do atendimento para demonstrar ao cliente que ele pode confiar nos serviços prestados por aquele fornecedor. Uma loja de móveis, por exemplo, deve entrar em contato com o cliente para avisar que não vai ser possível entregar a mercadoria no prazo estipulado. Ao mesmo tempo, deve se empenhar para cumprir um novo prazo e entregar na data reagendada.

As lojas que vendem eletroeletrônicos devem ter um serviço de atendimento ao cliente para receber os produtos que apresentam defeito, encaminhá-los para conserto ou substituí-los.

Os prestadores de serviços bancários e de telefonia devem oferecer cursos técnicos aos funcionários para que não realizem cobrança indevida.

As empresas de comércio eletrônico devem ter uma logística compatível com a demanda de seus clientes, para que recebam o produto comprado no prazo prometido.

Outra função do Procon é multar as empresas que infringem a lei. Pelo art. 6º, §3º, inciso II, do Decreto nº 2.181/1997, os órgãos de defesa poderão celebrar compromissos de ajustamento de conduta às exigências legais, aplicando penas pecuniárias pelo descumprimento do ajustado, levando em conta os seguintes critérios: "a) o valor global da operação investigada; b) o valor do produto ou serviço em questão; c) os antecedentes do infrator; d) a situação econômica do infrator".

É nesse contexto que emerge a questão da responsabilidade social como uma contribuição significativa à esfera social.

Responsabilidade social

Responsabilidade social pode ser definida como um compromisso que a empresa tem com a sociedade, expresso por meio de atitudes que afetem positivamente uma comunidade (Ashley, 2002). Hoje, fala-se em empresas cidadãs, aquelas que, atuando na área social, são vistas pelos consumidores com admiração e respeito.

Melo Neto e Froes (1999) afirmam que o exercício da cidadania empresarial pressupõe duas dimensões: a gestão da responsabilidade social interna e a externa. A responsabilidade social interna compreende as ações voltadas para a qualificação e o bem-estar dos funcionários da empresa. A externa compreende as ações sociais nas áreas de educação, assistência social, saúde, emprego, cultura e ecologia. Essas ações, na maior parte das vezes, estão voltadas para comunidades próximas à empresa.

Associada à questão da responsabilidade social está o conceito de desenvolvimento sustentável. Entenda-se por tal o desenvolvimento que satisfaz as necessidades do presente sem comprometer a capacidade das gerações futuras de satisfazerem suas próprias necessidades. Apoia-se em três pilares: (a) eficiência econômica; (b) equidade social; (c) equilíbrio ecológico. Refuta, portanto, a maximização do retorno aos acionistas como finalidade única das empresas.

A proposta é defender o equilíbrio do planeta e alertar para os perigos da explosão irracional dos recursos naturais. Apesar de inicialmente enfatizar a preservação ambiental, o conceito reflete a preocupação com os direitos humanos, o resgate da cidadania e o acesso ao consumo de bens e serviços. O relatório de sustentabilidade e o balanço social, a certificação SA 8000, os Indicadores Ethos e a ISO 14000 são alguns instrumentos que podem ser utilizados pelas empresas interessadas na construção de uma sociedade justa e sustentável.

Relatório de sustentabilidade e balanço social

Os relatórios de sustentabilidade estão baseados nas diretrizes da Global Reporting Initiative (GRI), enquanto o Instituto Brasileiro de Análises Sociais e Econômicas (Ibase) promoveu a divulgação dos balanços sociais das empresas.

A GRI é uma instituição global independente que desenvolveu uma estrutura para relato da sustentabilidade. As diretrizes da GRI relatam o desempenho econômico, ambiental e social de uma organização. Os indicadores de desempenho podem ser quantitativos ou qualitativos.

As diretrizes identificam as informações a serem divulgadas pelas organizações e que são do interesse dos *stakeholders*. As categorias de conteúdo são apresentadas no quadro 3.

Quadro 3
CONTEÚDO DO RELATÓRIO DE SUSTENTABILIDADE SOCIOAMBIENTAL

Perfil 1	Forma de gestão	Indicadores de desempenho
Informações que estabelecem o contexto geral para a compreensão do desempenho organizacional, tais como sua estratégia, perfil e governança.	Conteúdo que descreve o modo como a organização trata determinado conjunto de temas para fornecer o contexto para compreensão do desempenho em uma área específica.	Informações comparáveis sobre o desempenho econômico, ambiental e social da organização.

Fonte: Instituto Ethos (2007).

A divulgação do balanço social proposto pelo Ibase começou em 1997 no Brasil com o objetivo de prestar contas das atividades e dos impactos econômicos, sociais e ambientais da organização. A trajetória dos balanços sociais é a que segue.

Foi a partir da década de 1960, nos Estados Unidos, que surgiu a ideia de divulgar as atividades sociais da empresa junto com o relatório de desempenho econômico-financeiro, no denominado relatório social. Na década de 1970, particularmente na França, teve início uma cobrança por maior responsabilidade social das empresas. Diversos países da Europa seguiram os passos pioneiros da França. Na época, ficou consagrado o nome "balanço social", expressão mais adequada, pois o relatório visa apresentar aspectos qualitativos do desempenho socioeconômico.

No Brasil, a responsabilidade social começou a ser discutida na década de 1970, com a criação da Associação dos Dirigentes Cristãos de Empresas (ADCE). Um dos princípios da associação baseia-se na aceitação por seus membros de que a empresa, além de produzir bens e serviços, tem a função social que se realiza por meio da promoção dos que nela trabalham e da comunidade na qual deve se integrar.

Em 1977, a ADCE organizou o II Encontro Nacional de Dirigentes de Empresa, tendo como tema central o *balanço social da empresa*. Em 1986, foi constituída a Fundação Instituto de Desenvolvimento Empresarial e Social (Fides), com a finalidade de promover, divulgar e assessorar empresas nessas questões sociais, tornando-se, assim, o braço operacional da ADCE. Segundo o Ibase, o primeiro balanço social publicado no Brasil foi o da Nitrofértil, em 1984.

Em 1996, com a atuação do sociólogo Herbert de Souza (Betinho), a questão da responsabilidade social da empresa começou a ser discutida em todos os níveis da sociedade. Em 1997, o sociólogo Betinho, representando o Ibase, com apoio e participação de lideranças empresariais, lançou uma campanha de divulgação anual do balanço social sob a alegação de que este seria o primeiro passo para a empresa se tornar uma empresa cidadã. Foi nessa concepção que começou a se desenvolver no Brasil a importância da elaboração e publicação do balanço social.

> Segundo Herbert de Souza, "o balanço social não pode ser apenas uma peça de marketing, mas uma demonstração responsável de investimentos sociais realizados pelas empresas; não tem donos, só beneficiários. Que cada um tome a iniciativa e faça a sua parte" (Pinto, 2002:98).

É interessante mencionar que, no Brasil, ainda não há uma legislação federal obrigando as empresas a publicar o balanço social, mas há, em alguns estados e municípios, leis incentivando a publicação.

O modelo de balanço social que foi sugerido pelo Ibase contemplava indicadores sociais internos e externos, ambientais, do corpo funcional e do exercício da cidadania empresarial. São eles:

- indicadores sociais internos: alimentação, previdência privada, capacitação e desenvolvimento profissional, saúde etc.;
- indicadores sociais externos: saúde, combate à fome e segurança alimentar, educação, esporte etc.;
- indicadores ambientais: investimentos relacionados com a produção, programas e projetos externos.
- indicadores do corpo funcional: número de empregados ao final do período, de estagiários, terceirizados, empregados acima de 45 anos, percentual de cargos de chefia ocupados por mulheres etc.;
- informações relevantes quanto ao exercício da cidadania empresarial: esse indicador procura saber quais foram as pessoas da organização que definiram os projetos sociais e ambientais, os padrões de segurança, quais são as pessoas contempladas para obter previdência privada, participação nos lucros ou resultados etc. Esse indicador também solicita o número total de reclamações de consumidores contra a empresa no Procon e na Justiça.

Essa ferramenta foi amplamente difundida para as empresas pelo Ibase. A partir de 2010, o Ibase deixou de hospedar os balanços sociais em seu site. Hoje em dia, muitas empresas já realizam algum tipo de balanço ou relatório social.

Outro instrumento que pode ser utilizado pelas empresas para serem consideradas socialmente responsáveis é a Norma

SA 8000, que trata das relações de trabalho, fundamentais à percepção, pelo cliente, de que os trabalhadores são tratados de forma digna. Nesse caso, possivelmente haverá, por parte dos trabalhadores, excelência no atendimento ao cliente.

Norma SA 8000

Baseou-se nas normas da Organização Internacional do Trabalho (OIT), na Declaração Universal dos Direitos Humanos e na Declaração dos Direitos da Criança, da ONU. A norma segue o modelo das normas ISO 9000 e 14000, o que facilita sua implantação. Os requisitos das normas envolvem os seguintes aspectos:

❑ trabalho infantil – a empresa não deve se envolver ou apoiar a utilização do trabalho infantil e deverá desenvolver ações de reparação sempre que crianças forem encontradas trabalhando. O art. 7º, inciso XXXIII, da Constituição da República Federativa do Brasil, define, entre os direitos dos trabalhadores urbanos e rurais: "Proibição de trabalho noturno, perigoso ou insalubre a menor de dezoito anos e de qualquer trabalho a menores de dezesseis anos, salvo na condição de aprendiz, a partir de quatorze anos";
❑ trabalho forçado – a empresa não deve de forma alguma estar envolvida ou apoiar a utilização de trabalho forçado. Os trabalhadores não poderão ter seus documentos retidos ou serem obrigados a fazer pagamentos, a qualquer título, como condição para serem admitidos;
❑ segurança e saúde – a empresa deve proporcionar um ambiente de trabalho seguro e saudável, que inclua acesso à água potável, banheiros limpos, equipamentos de segurança necessários e treinamento para seu uso, tomando medidas cabíveis de prevenção de acidentes e danos à saúde;

- liberdade de associação e direito à negociação coletiva – a empresa deve respeitar o direito dos trabalhadores de se associar aos sindicatos, bem como de negociar coletivamente, assegurando que não haja represálias;
- discriminação – a empresa não deve se envolver ou apoiar a discriminação por raça, classe social, nacionalidade, religião, deficiência física ou mental, sexo, orientação sexual, associação a sindicatos ou filiação política;
- práticas disciplinares – a empresa não deve permitir a punição corporal, mental, coerção física ou abuso verbal em relação aos trabalhadores;
- horário de trabalho – a empresa não deve exigir que os trabalhadores cumpram uma jornada de trabalho superior a 44 horas por semana com, no mínimo, um dia de descanso nesse período e um máximo de 12 horas extras semanais, remunerados por um valor maior, obedecendo sempre ao disposto na Constituição Federal e na legislação trabalhista aplicável;
- remuneração – a empresa deve assegurar que os salários pagos satisfaçam os padrões mínimos locais, devendo sempre ser suficientes para atender às necessidades básicas dos trabalhadores;
- sistema de gestão – a empresa deve estabelecer uma política de responsabilidade social e procedimentos que permitam a contínua adequação da organização aos requisitos da gestão social, monitorando e registrando a melhoria do sistema.

Além da Norma SA 8000, as empresas também podem utilizar os indicadores do Instituto Ethos, que é uma organização sem fins lucrativos criada para disseminar a prática de responsabilidade social, ajudando as organizações a incorporar o conceito de comportamento empresarial socialmente responsável, relevante para a excelência no atendimento ao cliente.

Instituto Ethos

Em 1998, Oded Grajew participou da fundação do Instituto Ethos de Empresas e Responsabilidade Social. O Ethos foi criado para ajudar as empresas a promover a responsabilidade social como cultura de gestão (Bendassolli, 2005). Os temas tratados nos indicadores Ethos são: valores, transparência e governança, público interno, meio ambiente, fornecedores, consumidores e clientes, comunidade, governo e sociedade.

Os indicadores Ethos de responsabilidade social são um importante instrumento de diagnóstico organizacional que avalia o estágio em que se encontram as práticas de responsabilidade social nas empresas e as ações mais urgentes que devem ser trabalhadas, posicionando, dessa forma, a organização. Um dos indicadores que nos interessa é o que trata da excelência no atendimento. Esse indicador sugere o seguinte:

❏ a empresa deve ter uma norma de relacionamento com os clientes em consonância com o código de ética ou conduta;
❏ deve ter um ouvidor ou alguém com função similar;
❏ é importante que ofereça um serviço de atendimento para sugestões e reclamações;
❏ a empresa deve promover treinamento dos seus funcionários para uma relação ética e de respeito aos direitos dos consumidores;
❏ deve treinar seu pessoal para que este possa reconhecer falhas no processo produtivo e agir com rapidez e autonomia na solução dos problemas;
❏ ao vender produtos, a empresa deve utilizar argumentos verdadeiros para o convencimento do consumidor ou cliente.

Além dessas sugestões, os indicadores Ethos questionam a quantidade de inovações implantadas em razão da interferência do ouvidor ou do serviço de atendimento a consumidores/clientes. Todas essas ações são importantes para as empresas serem consideradas de excelência no atendimento ao cliente.

As empresas também podem utilizar as diretrizes da ISO 14000 para cuidar da questão ambiental.

ISO 14000

A ISO 14000 é uma norma elaborada pela International Organization for Standardization, com sede em Genebra, Suíça. Cada país tem um órgão responsável para elaborar normas nos diversos campos técnicos; no Brasil, o órgão responsável é a Associação Brasileira de Normas Técnicas (ABNT). A normalização é utilizada como um meio para alcançar a redução de custo da produção e do produto final, melhorando, dessa forma, a qualidade do produto ou serviço e possibilitando a excelência no atendimento ao cliente.

A ISO 14000 se refere ao sistema de gestão ambiental (SGA), que estabelece requisitos para as empresas gerenciarem seus produtos e processos sem agredir o meio ambiente, isto é, a comunidade não pode sofrer com os resíduos gerados pela empresa. A ISO 14000 estabelece as diretrizes para saber qual norma será usada em determinada empresa. Não há uma certificação 14000, mas sim uma certificação 14001, que é a única norma que determina quais são as especificações. As exigências que devem ser cumpridas são as seguintes:

- ❏ política ambiental – elaboração pela empresa de uma política ambiental quanto aos seus produtos e serviços que seja divulgada para funcionários e comunidade;
- ❏ aspectos ambientais – a empresa necessita ter procedimentos para identificar, conhecer, administrar e controlar os resíduos gerados pelo processamento e uso do produto, tais como: emissões atmosféricas, efluentes líquidos e resíduos sólidos;

❏ exigências legais – a empresa deve cumprir todas as exigências legais pertinentes à sua atividade. Vale lembrar que o art. 225 da Constituição Federal determina que:

> Todos têm direito ao meio ambiente ecologicamente equilibrado, bem de uso comum do povo e essencial à sadia qualidade de vida, impondo-se ao Poder Público e à coletividade o dever de defendê-lo e preservá-lo para as presentes e futuras gerações.

No ano de 2010, foi publicada a Lei nº 12.305, que institui a Política Nacional de Resíduos Sólidos. Essa lei menciona, no art. 3º, inciso XII, a logística reversa, um instrumento de desenvolvimento econômico e social caracterizado por um conjunto de ações, procedimentos e meios destinados a viabilizar a coleta e a restituição dos resíduos sólidos ao setor empresarial;

❏ objetivos e metas – os objetivos e metas devem refletir os aspectos ambientais, os resíduos gerados e o impacto no meio ambiente;
❏ programa de gestão ambiental – a empresa deve elaborar um programa com responsáveis pela coordenação e implementação de ações para o cumprimento da política ambiental e de exigências legais. O programa deve contemplar também ações preventivas contingenciais associadas aos riscos e planos de emergência;
❏ estrutura organizacional e responsabilidade – a direção da empresa deve nomear um representante entre os funcionários para cuidar de assuntos relacionados à gestão ambiental. Também deve ter um programa estruturado, com responsáveis pela coordenação e implementação da política ambiental;
❏ conscientização e treinamento – o programa de gestão deve contemplar treinamento para os funcionários com atribuições na área ambiental;

- comunicação – os funcionários e a comunidade devem ser informados dos aspectos relativos às questões ambientais;
- documentação do sistema de gestão ambiental – a empresa deve possuir um manual do sistema de gerenciamento ambiental;
- controle operacional – ter procedimentos para inspeção, controle e manutenção dos aspectos ambientais também é necessário;
- situações de emergência – procedimentos para prevenir, investigar e responder a situações de emergência devem ser definidos;
- monitoramento e avaliação – a empresa deve ter um programa para medir o desempenho ambiental por meio de inspeção e calibração dos instrumentos de medição;
- não conformidade, ações corretivas e preventivas – instituir responsáveis para investigar as causas da não conformidade ambiental e tomar as medidas cabíveis é tarefa obrigatória;
- registros – arquivar todos os resultados de auditorias e análises críticas relativas às questões ambientais faz-se necessário para a empresa;
- auditoria do sistema de gestão ambiental – o programa de auditoria ambiental deve ser periódico e os resultados devem ser documentados e apresentados à direção da empresa;
- análise crítica do sistema de gestão ambiental – diante dos resultados apresentados pela auditoria, a empresa deve fazer as alterações necessárias para atender às exigências de mercado, clientes, fornecedores e aspectos legais;

Empresas têm sucesso enquanto têm consumidores interessados nos seus produtos e serviços. Voltar-se para seus direitos, questões ambientais, sociais e econômicas é, portanto, ação inteligente.

Neste capítulo, vimos que uma empresa socialmente responsável deve ter uma conduta ética com os diversos públicos com os quais interage e respeitar as leis do país – no caso brasileiro, o Código de Proteção e Defesa do Consumidor. Também vimos que, para ser considerada uma empresa cidadã, os aspectos sociais, econômicos e ambientais devem ser levados em consideração. No próximo capítulo, abordaremos a importância da comunicação interpessoal. Afinal, estamos tratando do relacionamento entre as pessoas da empresa e os clientes.

4

Comunicação interpessoal

A comunicação interpessoal é um dos fatores críticos no atendimento a clientes, pois tanto a organização quanto seus clientes se revelam por meio de palavras, gestos, expressões fisionômica e corporal, que são meios e formas de a comunicação interpessoal se manifestar.

Neste capítulo, vamos apresentar a importância da comunicação verbal e não verbal na relação entre clientes e organizações, a influência das emoções na comunicação, além de detalhes das emoções básicas: alegria, tristeza, gratidão, raiva e medo. Depois, abordaremos os estilos conversacionais e regras de polidez, procedimentos de comunicação ao telefone, por e-mail e nas redes sociais. Finalizando, trataremos do gerenciamento de reclamações de clientes postadas nas redes sociais.

A relevância da comunicação interpessoal

A comunicação interpessoal é um processo interativo em que tanto o emissor quanto o receptor, pessoas envolvidas no processo, podem construir significados, desenvolver expectativas sobre o que é repassado um ao outro e emitir reações à comunicação recebida (Patterson et al., 2010). Ocorre a partir da necessidade ou da vontade de transmitir informações, orientar sobre procedimentos, compartilhar conhecimentos e emoções ou prestar algum serviço.

O termo "interpessoal" se refere a relações que ocorrem entre pessoas. Não devemos esquecer que as pessoas são simultaneamente diferentes e semelhantes entre si, o que leva à conclusão de que a interação entre elas, e também a comunicação interpessoal que conseguem estabelecer, dependerá do estilo comportamental de cada pessoa e da percepção de uma sobre a outra.

Em decorrência desse entendimento, a comunicação interpessoal se refere ao repasse de informações, à troca de ideias e à capacidade de conversação entre pessoas, feita de forma direta, face a face e também por meio de recursos ou dispositivos técnológicos que permitam a transmissão de mensagens e informações, como o telefone fixo ou móvel, documento digitalizado, bilhete manuscrito, jornal, rádio, SMS, chats, blogs, e-mail e outros.

Lévy (2009) afirma que todos os meios de informação anteriores ao advento das tecnologias digitais continuam disponíveis no ciberespaço e que entre as principais inovações digitais estão o acesso a distância aos diversos recursos de um computador, a transferência de dados e arquivos, as conferências eletrônicas, os *groupwares* e a comunicação por meio de mundos virtuais compartilhados. Segundo Monteiro (2001), a internet é uma ferramenta de comunicação interpessoal. Na seção seguinte, vamos apresentar como ocorre essa comunicação e dar exemplos de comunicação verbal e não verbal.

Comunicação verbal e não verbal

A comunicação verbal ocorre por meio de palavras, na forma oral ou escrita, que caracterizam a linguagem verbal.

A comunicação não verbal ocorre pela manifestação de gestos e expressões, faciais ou corporais, que caracterizam a linguagem não verbal.

Alguns exemplos de comunicação oral podem ser: o bom-dia proferido por alguém; a solicitação de informações sobre um produto feita pelo cliente ao vendedor; a descrição de um produto repassada pessoalmente ou por telefone. São exemplos de comunicação escrita: a informação sobre uma liquidação, publicada no jornal; o e-mail marketing do serviço prestado por uma empresa; a carta respondendo à indagação do Procon, referente à queixa de um cliente. Ou seja, conversas, discussões, palestras, debates, ofícios, cartas, publicações em jornais e revistas, cartazes, *folders*, entre outros, constituem comunicações verbais, orais ou escritas.

A comunicação não verbal, realizada por meio de gestos e expressões faciais e corporais, pode auxiliar a compreensão da mensagem pelo receptor, dificultá-la ou até mesmo contradizer o sentido do que está sendo transmitido pelo emissor.

Podemos dizer que a comunicação não verbal está sempre presente, embora nem sempre seja compreendida. Comunicamos por meio dos nossos gestos, expressões faciais, posturas corporais, tons e inflexões de voz, silêncio, tagarelice, pela forma como nos vestimos, pelo tecido e padrão das nossas roupas, pelos complementos que usamos, como bolsa, sapatos, cinto, brincos, *piercings*, anéis, entre outros.

Se estivermos alegres, confiantes ou gratos, não precisaremos de palavras; podemos facilmente demonstrar tais emoções ou sentimentos por meio de expressões faciais e até mesmo corporais, o mesmo ocorrendo se estivermos com raiva, tristes, confusos ou desconfiados. A seguir, vamos expor por que dizemos que a comunicação verbal e a não verbal são importantes na relação com os clientes.

A importância da comunicação verbal e não verbal na relação entre cliente e empresa

A maneira como o cliente é tratado poderá fidelizá-lo ou fazer com que jamais retorne a determinado site, loja ou estabelecimento comercial ou sequer memorize seu nome ou razão social. E a comunicação sempre estará na base desse comportamento, pois é por meio dela que alguém evidencia o quanto está preparado para atender o cliente e o apreço que lhe dedica, seja por meio de palavras, ao emitir um cumprimento respeitoso, discorrer sobre as funcionalidades de um produto, informar sobre vantagens e preços, ou pelo tom de voz empregado, pelo sorriso estampado na face ou pela atenção dispensada, que leva o cliente a se sentir importante e único.

Cliente nenhum quer ser atendido por quem não está preparado para lhe dar todas as informações de que necessita. O cliente é esperto e geralmente bem mais inteligente do que podemos supor. De forma geral, não se importa de pagar mais do que pagaria a outro fornecedor desde que sinta que é tratado de forma diferenciada, com respeito e como alguém especial. Daí ser tão importante a comunicação verbal e não verbal na relação entre cliente e empresa.

Uma abordagem simples e direta, com palavras empregadas de forma correta e apropriada à compreensão do cliente, faz parte da linguagem verbal que contribuirá para que o negócio seja concretizado. Entonação de voz amigável, semblante sereno, sorriso franco, gestos de compreensão das dúvidas do cliente e orientação confiável de suas escolhas deverão fazer parte da linguagem não verbal usada ao atendê-lo.

E as emoções? Exercem influência na comunicação? É o que veremos a seguir.

Influência das emoções na comunicação com o cliente

As emoções estão na base da comunicação não verbal. Sempre presentes em tudo que fazemos, são próprias de cada indivíduo. O comportamento das pessoas reflete suas emoções. Quando alegres, sentindo-se felizes, as pessoas irão assumir expressões faciais, posturas corporais e formas de agir compatíveis com o estado de alegria em que se encontram. O mesmo ocorrerá se estiverem com raiva ou tristes. Aqui são descritas algumas características de estados emocionais passíveis de serem apresentadas por clientes ao serem atendidos. Ekman (2011) menciona que a linguagem corporal e facial é uma maneira eficiente de se comunicar. Veja a seguir.

Alegria

Emoção relacionada à simplicidade, brincadeiras com o supérfluo, irreverência para consigo mesmo. A pessoa que está alegre tende a rir com frequência, demonstrar energia, paixão, tônus vital elevado, olhos brilhantes, sorriso no olhar; movimenta-se livremente, apresenta disponibilidade para agir. Quando a alegria é bloqueada, as pessoas assumem um ar grave, sério, sisudo. Pessoas alegres costumam gerar bem-estar à sua volta, amenizam um clima organizacional pesado. Equipes alegres, nas quais prevaleça a camaradagem e a ajuda mútua, tão necessárias para buscarmos a primazia aos clientes da organização, tendem a contagiar o ambiente, além de gerar maiores resultados organizacionais. Atendentes de bem com a vida muitas vezes são procurados por clientes que já os conhecem, buscando tirar dúvidas sobre produtos e serviços, aconselhar-se quando em dúvida ou quando necessitam de sugestões e conselhos a respeito de suas compras.

Tristeza

Está geralmente relacionada a perdas de diversas naturezas – de *status*, de objetos, de pessoas queridas que estejam longe e outras –, mas sempre de algo que importa à pessoa que está triste. A postura de quem está triste tende a ser voltada para si, como se pouco ou nada existisse à sua volta. A pessoa se mostra abatida, sem vitalidade, os ombros caídos, olhos parados e sem brilho, voz baixa, macilenta. Ambientes introspectivos ou equipes com maior número de pessoas tristes tendem à apatia, pouca ou nenhuma energia e vibração. Atendentes tristes, apáticos, tendem muitas vezes a afugentar os clientes. De forma geral, o cliente busca solucionar questões pessoais ao procurar uma empresa ou organização, e evita se envolver com dores ou problemas alheios.

Gratidão

É uma emoção que surge do reconhecimento de um gesto, de um bem ou de um favor recebido. Diz respeito a ações espontâneas ou não obrigatórias. Alguém que presta um favor inesperado, não previsto entre seus deveres, pode infundir gratidão em quem recebeu o favor. A gratidão tem possibilidade de surpreender positivamente o outro, surpreender os clientes.

Equipes em que as pessoas estão interessadas no bem-estar dos demais, em que existe boa vontade nas ações, em que a ajuda mútua é uma constante, certamente abrigam gratidão. Em tais ambientes, a retenção de talentos é facilitada, ocorre compartilhamento de conhecimento, existe respeito e lealdade entre as pessoas, e os resultados do trabalho geralmente são melhores.

Conhecemos um exemplo que ilustra bem a situação de gratidão. Uma de nossas amigas, em viagem ao exterior, ao fazer o *check-in* para um de seus voos, esqueceu sua bolsa no balcão da companhia aérea, só se apercebendo do fato quando já havia embarcado. Desesperada, começou a chorar, levantando-se para desembarcar de imediato. Uma das aeromoças a acalmou, dizendo-lhe que não precisaria descer e que ela própria iria providenciar que a bolsa fosse localizada. Comunicou-se com o balcão da companhia e, em cerca de 20 minutos, entregou a bolsa à sua proprietária, que viajou feliz e muito agradecida. Na escala seguinte, antes mesmo do desembarque dos passageiros que ali encerravam sua viagem, um rapaz uniformizado entrou no avião e entregou à aeromoça um enorme e lindo pacote de presente, que foi logo repassado à nossa amiga. Esta o abriu rapidamente, encontrando uma enorme caixa de bombons finos, acompanhados de um cartão em que a companhia de aviação se desculpava pelo transtorno que a cliente tivera com sua bolsa e lhe desejava feliz retorno ao seu país. Após essa viagem, nossa amiga já fez outras três: você, leitor, é capaz de dizer qual companhia ela escolheu nessas novas viagens?

Raiva

É uma emoção que geralmente decorre da presença de sentimentos de injustiça. Pessoas que se sentem preteridas por outras, desrespeitadas ou injustiçadas em seus direitos tendem a demonstrar raiva. Liderança agressiva, que costuma desqualificar comportamentos e ações dos membros da equipe, com frequência também é fonte de raiva.

A raiva é um recurso que facilita às pessoas dizerem não a algo com que não concordam ou colocarem limites quando sentem que seus direitos estão sendo invadidos. O maior problema é que nem todas as pessoas conseguem dirigir sua raiva apenas para as situações que lhe deram origem e exacerbam suas ações contaminadas pela raiva.

A pessoa com raiva tende a ficar tensa e a enrijecer a musculatura, o que muitas vezes causa contraturas extremamente dolorosas. Ocorre maior circulação do sangue e as pessoas podem ficar "rubras de raiva", ou seja, as faces podem ficar vermelhas devido à circulação aumentada. Outra evidência são as pupilas, que se estreitam, e os olhos injetados com pequenos raios de sangue. Pessoas que não conseguem manter o estado de autocontrole tendem a manifestar comportamentos agressivos e de revide. Ekman (2011:128) menciona que "a raiva é a emoção mais perigosa". É possível percebê-la no atendimento quando ocorre algum problema com o cliente. Nesse caso, quem o atende precisa manter a calma para contornar a situação.

Medo

É uma emoção que alerta para uma possível perda e que protege o indivíduo. Também revela algo que tem importância para a pessoa e que ela teme perder. Guarda relação com a integridade da pessoa. Quem não sente medo pode se expor sem necessidade a situações perigosas. Mesmo parecendo paradoxal, a presença do medo evidencia a existência da coragem.

Só pode ser corajoso quem sente medo, pois a coragem surge quando, embora com medo, o indivíduo persiste na busca de determinado objetivo.

A presença do medo pode ser constatada por meio de indicadores físicos, como respiração acelerada, alteração de batimentos cardíacos, dilatação das pupilas e redução do fluxo de circulação do sangue em órgãos periféricos, evidenciada, por exemplo, pela palidez de alguém diante de uma situação de risco.

De forma geral, o medo está relacionado com ameaças à sobrevivência, presentes ou passadas, como experiências traumatizantes que ficaram no inconsciente da pessoa. O relato feito a seguir exemplifica uma reação típica da emoção sobre a qual estamos falando, vivenciada em uma situação que, para muitos, é corriqueira, mas que pode levar a pessoa com medo a ficar sem o controle de suas ações e a necessitar de ajuda externa.

Em uma viagem realizada entre o Rio de Janeiro e São Luís, um cliente mostrou-se amedrontado a ponto de exigir assistência direta da aeromoça. Diante da angústia e aflição do passageiro, a aeromoça deixou suas atividades e, sentando-se ao seu lado, tomou sua mão e permaneceu por grande tempo conversando com ele, proferindo palavras que o tranquilizavam e distraíam. O cliente ficou tão agradecido que fez questão de elogiar no site da companhia o atendimento que recebeu da aeromoça durante o voo.

Necessidade de atender bem o cliente e o cidadão usuário

A competição que hoje caracteriza os mercados tem forçado as empresas e organizações a serem competitivas, o que as leva a cuidar com muita atenção da melhoria no atendimento ao cliente e ao cidadão usuário. Ou seja, a grande preocupação, tanto no segmento privado quanto no público, é atender bem o cliente, seja ele externo ou interno.

No segmento privado, as empresas enfrentam o desafio de apresentar produtos e serviços que não só atendam plenamente às necessidades, expectativas e particularidades de cada cliente, mas que também o fidelizem. Nessa linha, muitas empresas alteram seus processos de trabalho, reduzem custos, inovam continuamente, estimulando sonhos e criando expectativas até então inexistentes. E buscam cada vez mais estratégias melhores e mais efetivas de se comunicar com os clientes.

Da mesma forma, as organizações públicas também estão se empenhando em oferecer serviços ágeis e de qualidade. Nesse sentido, por exemplo, têm reduzido os prazos em que entregam documentos solicitados, investido na conferência de dados para evitar erros e retrabalho, aperfeiçoado seus processos de trabalho, adquirido equipamentos modernos e conhecimentos atualizados, visando garantir a satisfação dos seus usuários, prestando atendimento de excelência aos cidadãos (Alecian e Foucher, 2001).

Um exemplo que tem surpreendido pelo bom e pronto atendimento prestado ao cidadão é o Na Hora, uma Subsecretaria de Modernização do Atendimento Imediato, integrante do governo do Distrito Federal, em Brasília, onde o cidadão obtém originais e cópias de todos os principais documentos de que necessita, como carteira de identidade e de trabalho, CNH, passaporte, alvará de funcionamento, certidões de nascimento e negativas, contas de água e luz; consegue pagar contas, multas e tributos; faz consulta a processos; obtém informações sobre vagas de emprego, horários de ônibus e outras. E tudo em um só lugar. Esse tipo de serviço ao cidadão também é oferecido em outros estados no Brasil.

Outro exemplo que poderá ser lembrado devido ao estímulo que oferece ao bom atendimento prestado ao cliente é o prêmio da Associação Brasileira de Teleserviços (ABT), anualmente ofertado pela empresa Garrido Marketing e pelo Instituto Brasileiro de Marketing de Relacionamento (IBMR), visando premiar as melhores práticas de atendimento. O prêmio é dirigido às empresas e aos profissionais que atuam com foco no relacionamento e atendimento ao cliente.

Há um tema sobre o qual se costuma falar muito, mas que ainda assume grandes proporções e provoca consequências desastrosas para muitas organizações públicas e privadas: a insatisfação do cliente. Dele trataremos a seguir.

Insatisfação do cliente

A insatisfação do cliente pode ser entendida como uma emoção negativa decorrente do não atendimento de suas expectativas. Como consequência do seu descontentamento, o cliente poderá realizar ações como: reclamar aos fornecedores, passar a usar outra marca do produto, divulgar para amigos a experiência negativa que teve, comunicar o fato ao Procon, entre outras. É importante que a empresa procure conhecer os fatos que geraram a insatisfação, de forma a tentar remediar o ocorrido e recompensar o cliente insatisfeito.

As causas da insatisfação dos clientes são elementos críticos, que devem ser apurados e devidamente gerenciados. Grande parte delas diz respeito ao atendimento que lhes é prestado, como vimos no capítulo 2. Atendentes despreparados poderão, até sem querer, indispor o cliente com a empresa e seus produtos e serviços. Clientes insatisfeitos poderão causar danos e prejuízos sérios à credibilidade da empresa e colocar por terra esforços realizados para conquistar o mercado.

No relacionamento presencial, bons atendentes conseguem perceber a insatisfação do cliente antes mesmo que ele se manifeste verbalmente a respeito. Por exemplo: você leitor, ainda que não tenha pleno domínio de como identificar e decodificar expressões faciais e corporais, certamente será capaz de dizer quando o cliente está satisfeito ou não.

Embora com maior dificuldade, no relacionamento a distância, como no atendimento via telefone, e-mail ou internet, também é possível perceber a insatisfação do cliente. No telefone, por exemplo, o tom de voz pode denotar a insatisfação, mesmo que o cliente não a verbalize.

Em um e-mail, ou por meio das redes sociais, como o Facebook ou Linkedin, é possível perceber a insatisfação na forma de o cliente se expressar. Mesmo quando não explicitada claramente, a insatisfação pode ser percebida por meio da linguagem usada na mensagem.

Conforme Singh (1998), as respostas emitidas por clientes insatisfeitos poderão ser classificadas em três grupos: respostas por vocalização, que incluem a reclamação direta à empresa; respostas privadas, isto é, ações que envolvem comunicação negativa repassada boca a boca a amigos e parentes; respostas incluindo ações junto a agências externas e ações legais. A seguir abordaremos diferentes estilos de conversação que impactam a interação com os clientes.

Estilos conversacionais e regras de polidez

O estilo conversacional pode ser entendido como a forma de dizer alguma coisa, ou o conjunto de características que identificam a maneira como alguém fala. Pode ser típico de uma pessoa, um grupo, um povo ou uma sociedade. Exemplos: a linguagem usada por um grupo de jovens *nerds*; a linguagem própria de uma comunidade de imigrantes; a forma de falar dos integrantes de uma academia literária; a conversa de um grupo de idosos, dizendo que *caiu a ficha*, lembrando que o José colocou a *fatiota* e que todos eles iriam *flanar* naquela tarde.

Podemos até dizer que já existe um estilo conversacional praticado por quem navega com frequência na internet, o *internetês*. Veja, leitor, as expressões a seguir e diga se não são próprias desse grupo:

- ❏ acesso: entrada num *website* ou na internet por meio de uma conexão;
- ❏ *baud*: bits por segundo, espécie de unidade de transferência de dados;
- ❏ *bit*: a menor unidade de informação eletrônica;
- ❏ bmp: extensão de arquivos de imagem;

❏ *chat*: conversa na internet por meio de textos;
❏ *crack*: programas que conseguem burlar a segurança de outros programas;
❏ domínio: nome após o símbolo @ no e-mail;
❏ *download*: baixar ou transferir dados de uma página.

Observe, leitor, que listamos apenas alguns exemplos das quatro primeiras letras do nosso alfabeto; poderíamos usar o alfabeto inteiro. Caso você queira constatar a quantidade imensa de termos próprios desse estilo conversacional, procure por *internetês* na internet.

Da mesma forma que possuímos um estilo conversacional, nosso interlocutor também possui o seu, que pode ser igual ou diferente do nosso, pelo menos em alguns termos, ou seja, poderá usar padrões conversacionais que não coincidem com os nossos, o que poderá dar origem a problemas de comunicação.

Lembramos um fato que poderá ajudar a compreender do que estamos tratando. Um amigo que participava de uma reunião com gerentes regionais de uma organização, embora novato no grupo, assumiu fazer determinada tarefa em nome dos demais. Voltando para sua capital, empenhou-se na realização da tarefa que assumira. Na reunião do mês seguinte, apresentou-a aos demais com certo orgulho e, ao terminar, o gerente de uma das organizações falou de imediato:

– Fulano, que coisa porreta você fez!

Sentindo-se magoado, nosso amigo respondeu prontamente, com a voz um tanto trêmula:

– Ô cara, foi o melhor que consegui fazer, trabalhei nesse projeto o mês inteiro...

Ao que o gerente que falara retrucou:

– Sim, está se vendo, ficou muito bom o que você fez... legal!

A pessoa que usou a palavra "porreta" era do nordeste brasileiro, onde o termo significa algo que é bem-feito, que atende e até mesmo supera o que é esperado. O nosso amigo era originário de um estado do sul do Brasil, onde o termo *porreta* é decodificado como algo ruim, de segunda categoria. Daí a confusão estabelecida, decorrente de linguagem regional.

Entre as divergências semânticas e os muitos regionalismos existentes em nosso país, podemos mencionar, apenas como exemplos: aluado ou distraído; cata-jeca ou ônibus; dar um cheiro ou beijar; embuchada ou grávida; empachado ou com indigestão; média ou café com leite; cacetinho ou pão francês; macaxeira ou mandioca; mimosa ou mexerica; pocar ou estourar; sinaleira ou semáforo; balão ou rotatória.

Vale a pena lembrarmos que a comunicação intercultural é um dos maiores desafios quando pensamos em estilos de conversação. Além das linguagens regionais aqui citadas, pessoas de países diferentes pensam, possuem valores e falam de forma diferente, ainda que uma se expresse com fluência no idioma da outra.

Nossa intenção ao abordar os estilos conversacionais é alertar para possíveis distorções na comunicação com os clientes. O estilo conversacional pode variar de acordo com a situação, o tipo de interação existente entre as pessoas, o grau de intimidade entre os participantes, a hierarquia que prevalece entre os participantes, diferenças na organização da conversação, sexo, idade, grau de escolaridade e outros fatores.

O estilo conversacional também pode ser direto e indireto. O estilo direto é mais claro; por exemplo: "Abra a porta!" não deixa dúvidas sobre o que está sendo solicitado. O estilo indireto já não é tão claro e pode gerar dúvidas: "Está um calor nesta sala... Será que você poderia abrir a porta?" Falar em tom de brincadeira também caracteriza o estilo indireto. Exemplo: o funcionário chega atrasado e o chefe diz que no Natal irá lhe dar um despertador de presente. Ou então olha em silêncio para o relógio na parede e em seguida para o funcionário, supondo que este entendeu a mensagem, o que pode não ter ocorrido.

Quando utilizamos o estilo indireto em tom de brincadeira ou o silêncio passamos a interpretação da situação para o outro, isto é, ele pode entender ou não o que estamos querendo dizer – no exemplo, reprovação pelo atraso. Além disso, algumas pessoas poderão entender a mensagem ao pé da letra, achando que irão ganhar um despertador no Natal. Ou então que o gerente está olhando para o relógio na parede para mostrar que é novo ou para conferir as horas. Ou seja, se o assunto é sério, é melhor ser claro na mensagem. A escolha e o uso do estilo incorreto para determinada situação poderão dar origem a distorções.

A forma de falar caracteriza o estilo conversacional de quem fala, podendo apresentar ou não os resultados esperados. Assim, a mesma informação passada de formas diferentes poderá levar a resultados diferentes. Um exemplo que conhecemos nessa linha diz respeito à informação transmitida de modo diferente por duas funcionárias de um tribunal de Justiça.

O advogado chegava para ver o processo e constatava que o juiz não tinha dado prosseguimento a ele. Uma funcionária falava para o advogado: "Tem que peticionar, doutor". Ele então reclamava e dizia que não iria fazer isso porque o pedido estava implícito. Depois, o processo voltava sem andamento. E, mais uma vez, ela tinha de escutar a reclamação do advogado.

A outra funcionária falava da seguinte maneira: "Bem, doutor, se o senhor peticionar, o juiz vai dar prosseguimento à ação, mas, se o senhor não o fizer, o processo irá retornar no mesmo estado, mas fique à vontade para decidir". O advogado então dizia: "Vou peticionar". E assim o processo tinha prosseguimento e o advogado ficava feliz com o andamento do caso.

Entre os fatores que podem facilmente bloquear a comunicação com clientes e prejudicar as empresas e organizações públicas estão: a semântica, as conotações das palavras, as percepções do ouvinte e a voz de quem fala. A seguir, discorreremos sobre a polidez que deve existir nos relacionamentos, em particular no atendimento ao cliente.

Polidez nos relacionamentos e no atendimento

A polidez se refere a um conjunto de comportamentos, ações e gestos usados no cotidiano. São exemplos: desculpar-se ao esbarrar em alguém, agradecer quando alguém lhe oferece algo, ceder o lugar em uma fila, usar termos como "desculpe", "por favor", "obrigado", entre outros.

Não é incomum a necessidade de atender pessoas que se mostram arrogantes, grosseiras e mal-educadas. Mesmo em tais situações, o atendente deverá ser polido; nada justifica comportamentos de outra natureza.

É sabido que a falta de polidez afeta o humor das pessoas, provoca ressentimentos e inibe a boa vontade para com o outro. A polidez é requisito para uma convivência saudável, prazerosa e produtiva. Ninguém merece ser atendido por pessoas rudes e grosseiras ou conviver no trabalho com colegas arrogantes, mal-educados, que desrespeitam os outros.

A título de ilustração, são indicados a seguir comportamentos que caracterizam polidez na comunicação e no trato com outras pessoas e no atendimento a clientes:

- ❏ estar atento ao desejo do cliente de ser aprovado e não sofrer imposição. Ex.: expressar uma negativa ao cliente sem falar a palavra não;
- ❏ evitar utilizar verbos no modo imperativo. Ex.: dizer ao cliente que ele *tem* de...
- ❏ evitar transmitir notícias desagradáveis de forma direta; quando necessário, elas devem ser ditas de forma que amenize seu impacto, seguindo um estilo indireto de comunicar;
- ❏ se o cliente solicitar, utilizar o estilo direto na interação, dirigir-se a ele pelo nome.

Brown e Levinson (1987) propuseram atos de linguagem relacionados à polidez, dos quais fazem parte estratégias. Elas estão sintetizadas no quadro 4.

Quadro 4
ESTRATÉGIAS DE POLIDEZ

1. Observe e priorize o interlocutor.
2. Mostre interesse, aprovação e simpatia pelo outro.
3. Use marcas de identidade de grupo.
4. Procure acordo.
5. Pressuponha e declare pontos em comum.
6. Faça brincadeiras.
7. Pressuponha e explicite os conhecimentos sobre os desejos do outro.
8. Ofereça, prometa.
9. Mantenha o bom humor.
10. Inclua o ouvinte na atividade.
11. Dê ou peça razões, explicações.
12. Simule ou explicite reciprocidade.
13. Demonstre atenção, cuidado e compreensão.

Fonte: Adaptado de Brown e Levinson (1987).

Atitudes como essas caracterizam um comportamento respeitoso. Você concorda, leitor? Bem, na seção a seguir abordaremos um tema crucial para o bom atendimento ao cliente: a comunicação por telefone.

Comunicação ao telefone

A comunicação feita via telefone tradicional exige cuidados específicos, uma vez que as pessoas não veem o que ocorre nos cenários de emissão e recepção em que ela acontece, embora possam ouvir e decodificar com precisão o que é dito. Assim, a comunicação verbal precisa ser muito bem cuidada, de forma a suprir informações que podem ser naturalmente repassadas por expressões faciais e corporais quando a comunicação ocorre pessoalmente. Entre os cuidados, podemos citar os que seguem.

Compreensão do que é dito

Na comunicação telefônica, é necessário que tanto emissor quanto receptor se esforcem no sentido de compreender o que é dito pelo interlocutor, e devem demonstrar essa compreensão por meio de palavras (comunicação verbal) e pelo tom e modulação da voz (comunicação não verbal). O que ocorre em torno dos interlocutores também precisa ser devidamente administrado, como sons em alto volume, risos estridentes, gritos, correrias e brincadeiras de crianças.

Linguagem adotada

No atendimento por meio do telefone, a linguagem é o principal elemento que pode garantir a efetividade da comunicação. No caso de vendas ou atendimentos semelhantes, por exemplo, é preciso que os interlocutores ouçam com muita atenção, de forma a evitar interpretações erradas das demandas e solicitações feitas e das informações prestadas. O atendimento deve ser cordial, os termos devem fazer parte de vocabulário conhecido, ser pronunciados de forma clara e sem pressa.

Uso de termos estrangeiros e siglas

Se forem usadas palavras em idioma estrangeiro e siglas, o interlocutor emissor deve refletir sobre a necessidade de serem soletradas, e soletrar se tiver dúvidas sobre a necessidade ou se esta existir. O uso correto do idioma, sem erros de concordância e sem "gírias", por mais conhecidas que sejam, deve ser primordial. É essencial que os interlocutores transmitam segurança, credibilidade e compromisso ao se comunicarem por meio do telefone.

Identificação dos interlocutores

Ao atender uma ligação telefônica, a pessoa focada no cliente deverá identificar o nome da organização e seu nome, conforme o parâmetro seguinte: *empresa X, fulano de tal*. Caso o interlocutor não se identifique de imediato, deverá informar-se a respeito e passar a tratá-lo pelo nome, antecedido do título que ele se tenha atribuído – doutor, padre, senador ou outro – ou por "senhor" ou "senhora". Jamais usar "seu" ou "dona".

Na sequência, deverá ouvir atentamente o interlocutor e compreender sua demanda. Caso precise de mais informações, deverá estabelecer conversação visando obter as complementações de que necessita e esclarecer todas as dúvidas que possua.

Uso de pequenas sínteses ou paráfrases

Durante a conversação, o atendente poderá fazer pequenas sínteses do que está sendo relatado pelo cliente, de forma a demonstrar sua compreensão do que é dito. A paráfrase é uma figura que se aplica bem ao caso. Após certo trecho do relato feito pelo cliente, o atendente poderá interferir, dizendo: "Você está relatando que..." e completar a frase usando suas próprias palavras para descrever de forma resumida o relato feito pelo interlocutor.

Prontidão no atendimento

As informações e esclarecimentos de que os clientes precisam deverão ser fornecidos o mais rapidamente possível, razão pela qual os atendentes devem possuir grande conhecimento do negócio em que atuam. Caso o atendente não tenha condições de responder imediatamente ao cliente, ou a resposta à demanda recebida ultrapasse seu nível de competência, este deverá se comprometer a fornecer as respostas em um tempo mínimo, preferencialmente no mesmo dia, e anotar os contatos do interlocutor de forma a poder localizá-lo com facilidade.

Nunca deverá dizer: "Nós daremos uma resposta assim que for possível" ou "Vamos anotar a ocorrência e entraremos em contato". Ou, o que é ainda pior e que, por incrível que pareça, costuma ser ouvido, principalmente em organizações públicas: "Isso não é do meu departamento" ou "A pessoa que poderia atendê-lo está de férias". É bom lembrar que o cliente sempre vê quem o atende como representante da organização ou mesmo como se ela fosse. Espera ser atendido com eficácia, não aceitando desculpas nem prolongamentos para ter aquilo que deseja.

Soluções alternativas

Caso não possa dar uma resposta ao assunto, o atendente deverá apresentar formas alternativas de solução do problema, como oferecer um produto ou serviço similar, indicar o telefone de alguém que consiga resolver rapidamente o problema do cliente, fornecer nome e contatos do responsável pela área a que o problema está relacionado e outras. O interlocutor deve se sentir seguro quanto ao atendimento de sua demanda ou solução do problema por ele apresentado.

Estabelecimento de prazos

Sempre que necessário, deverão ser estabelecidos prazos que orientem os clientes, evitando que fiquem ansiosos por respostas que aguardam. Por exemplo, informar quando o usuário deverá ligar novamente para saber sobre o andamento de sua solicitação ou a resposta a alguma indagação feita por ele; o prazo de que a empresa precisa para finalizar determinado projeto; a data em que fará a entrega de um produto ou objeto comprado pelo cliente.

No contexto atual, o e-mail já assumiu relevância semelhante à do telefone no atendimento a clientes. É esse novo recurso que abordaremos no item seguinte.

Comunicação por e-mail

O e-mail não é originário da internet, como muitos pensam; é anterior a ela. Surgiu em 1965 para atender à necessidade da transmissão de mensagens entre os *mainframes*, computadores da época, visando facilitar a comunicação entre seus operadores. Hoje o e-mail quase pode ser descrito como uma carteira de identidade dos internautas, pois, para estarem conectadas, as pessoas precisam de um endereço eletrônico, ou e-mail, que poderá ser pessoal ou corporativo, sendo comum possuírem os dois (Moraes, 2006).

O e-mail segue um formato padrão: identificador@dominio.com.br. O sinal "@", que significa "local", indica o domínio ou local em que o titular do e-mail poderá ser encontrado. Exemplo: "helet@uol.com.br", onde "helet" é o identificador da pessoa que poderá ser encontrada nesse domínio. É seguido do símbolo de local, "@", do provedor Uol, e, logo depois, de ".com.br", uma categoria de domínio utilizado na internet para identificar atividades comerciais (".com") realizadas no Brasil (".br"). Organizações públicas brasileiras usam ".gov.br".

O e-mail pessoal tem como finalidade o tratamento de assuntos pessoais. Já o e-mail corporativo, um serviço de correio eletrônico disponibilizado pelas empresas e demais organizações para seus empregados e funcionários, destina-se unicamente ao tratamento de assuntos do interesse dessas organizações.

Para que a comunicação via e-mail produza os resultados necessários e esperados, alguns procedimentos devem ser observados, tais como:

❏ tamanho e objetividade – dificilmente as pessoas possuem disposição para ler e-mail longos e complexos, que não atendem às demandas de rapidez e agilidade. Embora curto, o e-mail precisa ser completo, conter todas as informações e explicações sobre o assunto que aborda. Quem emite o e-mail não deve pensar somente na sua necessidade de comunicação, mas também em quem vai ler a mensagem e no tempo de que dispõe para isso. Segundo Passadori (2001:18) "comunicação não é o que eu falo, é aquilo que chega ao outro";

❏ número de assuntos – é recomendável que cada e-mail trate de um só assunto, devido a razões como: evitar que se torne longo, direcionar o foco da comunicação para uma só questão, facilitar sua guarda ou arquivamento e também o resgate do tema ou assunto caso necessário, e, principalmente, facilitar a resposta esperada pelo emitente. Caso existam diferentes assuntos a tratar, será preferível emitir um e-mail para cada assunto;

❏ identificação do assunto – nesse campo, o emitente deverá deixar claro o que é tratado no e-mail e o que espera que o receptor faça. Por exemplo: cópia da nota fiscal número XYZ para ser anexada ao processo de compra do gabinete dentário. Se alguma coisa deve ser feita a partir da mensagem contida no e-mail, isso deve estar claro. O e-mail poderá terminar com uma listagem do que precisará ocorrer, evitando que o receptor tenha de ficar garimpando no texto as ações previstas ou obrigatórias. É recomendável que o campo "assunto" seja preenchido após o e-mail ter sido escrito. Isso

permitirá que o emissor, conhecendo o conteúdo completo da mensagem, seja mais sintético e preciso na indicação do assunto e das ações posteriores ao recebimento;
❏ conteúdo – o conteúdo de um e-mail merece muita atenção. Regra geral: não se deve escrever nada que não possa ser lido em uma reunião, para todos ouvirem;
❏ correção gramatical e ortográfica – embora existam defensores de que se possa praticar na internet uma forma de expressão livre, em que a fala e a escrita obrigatoriamente não se subordinariam a todas as regras definidas, entendemos que a linguagem deva respeitar os procedimentos gramaticais e ortográficos ditados pelo nosso idioma. Nessa linha, o e-mail deverá respeitar a correção do idioma, podendo assumir algumas práticas já disseminadas na comunicação via internet, desde que não caracterizem erros gramaticais e ortográficos;
❏ anexos – a existência de anexos deverá ser sempre informada no corpo do e-mail, inclusive o número dos anexos enviados. É importante atentar para o tamanho dos anexos, pois, quando muito grandes, poderão sobrecarregar e travar o sistema receptor. A seção seguinte aborda a comunicação em um contexto ainda novo, mas que já mostrou exigir atenção específica e direcionada: as redes sociais.

Exigência de comunicação nas redes sociais

A evolução tecnológica tem impactado todas as áreas, alterando significativamente a forma de as pessoas agirem. Os hábitos de compra, que ao longo de anos se repetiam com poucas alterações, têm sido significativamente afetados por apelos ao consumo e pelas oportunidades de escolhas e de serviços colocadas à disposição de clientes e consumidores. Segundo fornecedores de ferramentas tecnológicas, o equilíbrio de poder entre cliente e empresa mudou sensivelmente com a evolução tecnológica (Lopes, 2013).

A adesão às mídias sociais como um meio de localizar produtos e serviços, indagar e relatar experiências de consumo e discutir o atendimento prestado pelas empresas e a efetividade dos seus produtos tem alterado os hábitos de compra de grande parte dos consumidores, levando à busca e valorização das empresas que participam, respondem e prestam bons serviços por meio da comunicação em redes sociais (Comm, 2009).

Os sites de redes sociais abrigam 82% da população mundial com idade superior a 15 anos que acessam a internet de casa ou do trabalho. No final de 2011, um de cada cinco minutos gastos *on-line* no mundo foram destinados às redes sociais, fazendo essa atividade ser considerada a mais atraente e popular em termos de engajamento (Altitude Software, 2013).

Empresas e organizações que desejam manter liderança em seus segmentos precisam se adaptar rapidamente a essa realidade. As empresas já não podem confiar em métricas trimestrais, mensais ou semanais de desempenho, uma vez que precisam melhorar continuamente, dia a dia. Os clientes usam seus dispositivos de conexão para fazer pedidos, reclamações e sugestões a qualquer hora e em qualquer lugar, e as empresas devem facilitar esse processo.

Nesse novo mundo de pessoas interligadas, de tecnologias rapidamente mutáveis e de transparência, em que as empresas "têm paredes de vidro e telhados de cristal", não existem dois lados; elas precisam ser parceiras dos seus clientes e prestar-lhes sempre o melhor serviço. Caso contrário, eles migrarão para a concorrência. Tais exigências repercutem nos clientes internos, que representam e viabilizam os negócios das empresas e organizações públicas. Daí a importância de estarem continuamente se capacitando, de conhecerem profundamente a organização e de se comprometerem com o trabalho que realizam e com o atendimento que prestam aos clientes (Morin e Aubé, 2009).

Como gerenciar reclamações postadas nas redes sociais?

Uma questão que tem ocupado espaço nas discussões sobre relacionamento entre empresa e cliente é se as empresas devem ou não responder a queixas e reclamações postadas nas redes sociais por clientes. As opiniões a respeito se dividem, existindo pelo menos duas linhas que demarcam esse terreno. Segundo a Secom (2012:24), "é comum ver empresas tentando responder a críticas de usuários de duas maneiras: utilizando linguajar jurídico ou simplesmente moderando os comentários". Ao utilizar qualquer uma dessas estratégias, é importante entender que eventuais crises jamais serão resolvidas, mas sim potencializadas.

As reclamações e críticas são valiosas para a empresa, mas, quando apresentadas em ambiente público, como o das redes sociais, podem dar origem a uma cadeia incontrolável de críticas, muitas vezes infundadas, provocando danos significativos à imagem da organização.

A Secom (2012) informa que os clientes preferem, como mencionado no capítulo 1, usar as redes sociais para reclamar quando não se sentem bem atendidos, em vez de buscarem os canais tradicionais. O cliente procede dessa forma por entender que, ao expor publicamente o problema, terá maiores chances de se fazer ouvir, além de alertar outras pessoas sobre a questão. Entendem também que os comentários negativos devem ser vistos pelas empresas afetadas como oportunidades, enfatizando que uma boa estratégia de resposta poderá reverter a situação e transformar os insatisfeitos em clientes fidelizados, além de ganhar a simpatia de muitos outros.

Segundo Gomes (2012), ao incentivar o uso dos perfis das mídias sociais para elogiar ou obter resposta para dúvidas, as organizações estão potencializando manifestações positivas e criando meios para a ampliação do diálogo com o público.

O que distingue e adiciona valor às empresas e organizações públicas no que se refere ao tratamento dado a queixas e reclamações postadas nas redes sociais é o respeito com que tratam as questões levantadas pelo cliente e o interesse verdadeiro em sempre melhorar os produtos e serviços que oferecem. Os itens a seguir descrevem procedimentos que, colocados em prática, poderão contribuir para a prestação de bons serviços aos clientes:

- monitorar o que é postado sobre a empresa para poder responder – a empresa precisa saber o que está sendo dito sobre ela; portanto, visite blogs, fóruns, navegue em sites e em todas as redes de relacionamentos;
- estudar as reclamações antes de responder – procure conhecer em profundidade tanto os produtos e serviços da empresa quanto as reclamações e problemas apresentados pelo cliente;
- definir os problemas que devem ser tratados – diversas razões podem indicar que alguns problemas não devem ser tratados: soluções por demais onerosas, exigência de ações muito demoradas, impossibilidade de introduzir alterações no projeto, entre outras. Assim, identifique e defina os problemas que serão tratados e centre neles as ações corretivas;
- solucionar o problema – reclamações postadas nas redes sociais exigem soluções da mesma forma que as reclamações presenciais, só que o efeito da postagem pode ser infinitamente maior do que o fato de alguém contar para alguns amigos e vizinhos um problema que teve com a marca X ou a empresa Y. Assim, quanto mais rápido o problema for solucionado, melhor. Empenhe-se na solução, acompanhe o processo, não descanse enquanto não vir que o problema foi solucionado;
- personalizar a resposta ou solução – evite usar respostas padronizadas, responda individualmente a cada cliente,

focalizando o problema que lhe diz respeito e, sempre que possível, dirigindo-se a ele pelo nome;
❏ imprimir rapidez nas respostas e soluções – todo problema tende a crescer e a se diversificar na medida da demora da sua solução. Assim, aja com rapidez na busca e oferta da solução demandada ou possível.

Neste capítulo, vimos a importância da comunicação no atendimento a clientes, que, em última análise, garantem o sucesso e modelam a imagem da empresa. Sem clientes, de pouco adiantariam recursos e investimentos abundantes ou estratégias bem-planejadas. A comunicação correta é o meio mais seguro de atrair e fidelizar clientes. O inverso também é verdadeiro: a má comunicação poderá afastá-lo, prejudicando o negócio e comprometendo a imagem da organização.

Vimos também que a comunicação interpessoal é requisito para o bom desempenho de pessoas, empresas e organizações públicas; analisamos a importância da comunicação verbal e não verbal na relação entre clientes e organizações e destacamos a influência das emoções na comunicação. Abordamos o tema estilos conversacionais e regras de polidez e indicamos procedimentos de comunicação ao telefone, por e-mail e nas redes sociais. Finalizando, abordamos o gerenciamento de reclamações de clientes postadas nas redes sociais. Comunicação nos remete a trabalho em equipe. É o que você, leitor, verá no próximo capítulo.

5

Desenvolvimento de equipe

O trabalho em equipe é uma evolução do trabalho em grupo, que já foi um conjunto de esforços individuais, enquanto o grupo ainda não estava formado. Significa indivíduos atuando juntos em prol de um objetivo que, especificamente no atendimento ao cliente, representa sua satisfação e suas necessidades atendidas. Se esse atendimento superar as expectativas, tanto melhor.

Neste capítulo, trataremos do processo de trabalho em grupo, da transformação do grupo em equipe, alimentada por *feedback* constante e pelo manejo das diferenças e conflitos, até sua evolução para uma equipe de alto desempenho que nutra o desejo de se superar sempre, oferecendo ao cliente um atendimento de qualidade. Some-se a isso a apresentação das principais características para o bom desempenho da equipe e algumas reflexões sobre as diferenças e adversidades próprias dos indivíduos, que precisam ser reconhecidas e contemporizadas para que se realize um atendimento de excelência.

Formação do grupo de trabalho

Qual é a gênese, como começa um grupo de trabalho? Você, leitor, poderia responder? Um grupo de trabalho é o resultado de um processo de reunião de pessoas com um ou mais propósitos em comum. Essas pessoas vão sendo envolvidas e estimuladas pelo desafio oferecido, que, no caso de atendimento ao cliente, é sua satisfação. Só isso? Não. A cada dia, se faz necessário aumentar a mobilização para um atendimento de excelência, que supere as expectativas e, se possível, surpreenda o cliente, cada vez mais exigente.

A partir de sua constituição, e ao longo de toda a sua existência, um grupo sofre a influência de muitos fatores, que poderão propulsionar ou inibir sua evolução, sua continuidade ou sua transformação em uma equipe. O estilo do líder, as possíveis afinidades ou adversidades e os conflitos entre seus integrantes são alguns deles.

Inicialmente, ao se constituir o grupo, é necessário levar em conta que todos irão lidar com pessoas, a começar pelas relações no âmbito do próprio grupo. Deve ser considerado quem são os indivíduos que irão integrar o grupo, lembrando que cada ser humano ao nascer é culturalmente uma folha de papel em branco, que vai sendo preenchida com suas experiências, história de vida, realizações e anseios, o que faz de cada ser humano um indivíduo único, uma exclusividade. Feitas essas identificações, o foco deve ser direcionado ao elemento mais importante: o cliente.

Quem é o cliente que o grupo de trabalho irá atender? Que aspectos você, leitor, levaria em consideração? Algumas dicas: é um cliente novo ou habitual? Se é habitual, qual é seu histórico de atendimentos? Tem alguma característica especial conhecida pela empresa?

O grupo, constituído e focado no negócio e no cliente, começa a atuar junto, gerando um efeito sinérgico que é naturalmente superior aos esforços individuais. Sobre isso, sinergia, trataremos um pouco mais à frente.

Algumas atividades são facilitadas ou dificultadas pelo grau de heterogeneidade do grupo. Grupos heterogêneos, caracterizados principalmente por pessoas de diferentes áreas de formação, tendem a dispor de maior variedade de conhecimentos e, dependendo do grau de complexidade ou especificidade que o cliente deseja ou de que necessita, a pluralidade de saberes irá auxiliar na prestação de um atendimento de excelência.

Outros elementos inerentes à diversidade ou à afinidade entre as pessoas poderão igualmente influenciar os relacionamentos no âmbito do grupo. Alguns deles são: idade, orientação sexual, religião e interesses.

Os grupos homogêneos são geralmente constituídos por pessoas da mesma área de conhecimento profissional ou da mesma faixa etária ou que comungam dos mesmos interesses. A convergência de ideias é mais rápida e, para atendimentos com baixo grau de diversidade, a opção por esse tipo de grupo pode facilitar.

O desenvolvimento do grupo passa por duas dimensões: inicialmente, o conteúdo; posteriormente, o processo. O conteúdo diz respeito aos propósitos do grupo, quais sejam: suas tarefas, prazos e os objetivos a serem alcançados. Definir a dimensão conteúdo pode ser trabalhoso, mas é uma tarefa previsível, diferentemente do processo.

Vamos dar um exemplo ocorrido em uma multinacional. Os clientes estavam reclamando da demora na entrega do serviço; os prazos não estavam sendo cumpridos. Esse fato estava ocorrendo porque os funcionários não sabiam qual era o tempo necessário para realizar a tarefa em determinados setores da empresa. Portanto, conhecer os prazos para certos procedimentos é de suma importância.

O processo representa o conjunto de interações humanas que irão ocorrer no grupo, o que envolverá diferentes valores e crenças, emoções e identidades. As condutas inter-relacionais não são previsíveis, o que coloca o processo de grupo como um desafio constante para seus integrantes e sua liderança, principalmente quando há o desejo de que o grupo trabalhe em equipe. Conflitos interpessoais podem existir entre chefe e subordinados e entre colegas de equipe, e causar transtornos no atendimento ao cliente. Como exemplo, podemos citar um fato que ocorreu em uma loja. Dois vendedores resolveram discutir na frente dos clientes porque um deles não estava na vez e atendeu o cliente do outro. Muitos clientes acabaram saindo da loja sem comprar o produto. Esse tipo de conduta não pode acontecer em uma equipe de vendas. Diante disso, convido você, leitor, a uma reflexão: seria a equipe uma segunda fase do grupo? O que você pensa a respeito disso? Se concorda conosco, você está correto. Então, vamos seguir para responder a essa pergunta.

Evolução do grupo de trabalho rumo à equipe

Uma equipe pode ser entendida como um estágio superior na evolução de um grupo adequadamente constituído, cujos integrantes vão paulatinamente se comprometendo com a qualidade do serviço oferecido (dimensão conteúdo), com a harmonia dos relacionamentos (dimensão processo) e com o contínuo refinamento dos resultados que se deseja alcançar. Nessa linha, Katzenbach (2001:16) considera uma equipe "um pequeno número de pessoas com habilidades complementares, comprometidas com o mesmo objetivo, as mesmas metas de desempenho e a mesma abordagem, pelas quais elas se consideram mutuamente responsáveis". Pelo exposto, a responsabilidade mútua e a percepção de *unidade* são primordiais quando se deseja um trabalho em equipe. É relevante dizer que trabalhar em equipe não significa que as pessoas estejam fisicamente próximas. Elas podem atuar tanto no mesmo local como remotamente, de diferentes lugares, desde que prevaleçam a percepção de unidade e a responsabilidade de uns para com os outros. Qual é, na sua opinião, leitor, o tamanho ideal de uma equipe?

Não se pode garantir que uma equipe com 10, 15, 30 ou 50 integrantes seja o ideal. Contudo, a literatura e a prática convergem para números que não se apresentam superiores a 20 integrantes, uma vez que a grande diversidade de indivíduos – não se pode esquecer que cada indivíduo é único – pode não favorecer o estreitamento do senso de colaboração e da cumplicidade. Nessa questão, Katzenbach (2001) recomenda que a equipe tenha até 16 componentes. Ao que parece, uma equipe deve ser grande o suficiente para dar conta dos seus compromissos e pequena o bastante para favorecer coesão entre seus integrantes.

Moscovici (2007) sugere que um grupo se transforma em equipe quando passa a prestar atenção à sua própria forma de operar e procura resolver os problemas que afetam seu funcionamento. Para a autora, a equipe se caracteriza pela confiança, pela cooperação mútua e pelo foco de todos os integrantes no seu objetivo.

Sempre que um grupo evolui para uma equipe, esta ganha uma espécie de identidade própria, passa a atuar em uma espécie de *cultura do nós*, marcada pela cooperação recíproca e intensa. Poderá continuar assim ou ambicionar um pouco mais. E o que seria esse algo mais? Seria um novo estágio, agora como equipe denominada equipe de alto desempenho ou equipe de alta *performance*. Esse é um estágio de fortalecimento da equipe que pode ser de inigualável valor para a qualidade do atendimento ao cliente.

Uma equipe de alto desempenho mantém o interesse de cada um pelo seu desenvolvimento e pelo crescimento de todos os demais e oferece como destaque o empenho pela superação dos resultados até então alcançados.

Como já dissemos, temos clientes que se mostram a cada dia mais exigentes e esperam receber algum diferencial. Diante disso, uma equipe que possa ressignificar sistematicamente o patamar de qualidade das suas entregas é a equipe ideal para atender a clientela da atualidade.

Uma equipe não tem um prazo de validade. O caminho para a equipe tem início com uma reunião informal de pessoas, passa por um processo de grupo de trabalho, se transforma em equipe, evolui – ou não – para uma equipe de alto desempenho e, como todo ciclo, pode mostrar sinais de cansaço e demandar transformações. Macedo e colaboradores (2012) tomam por base os quatro estágios descritos por Tuckman: formação, distúrbios (tumulto), normatização (normalidade) e desempenho. Acrescentaram os estágios de acomodação e transformação para explicar o ciclo de vida das equipes. Com equipes que atendem o cliente não é diferente, e seus gestores precisam estar atentos tanto à sua evolução quanto aos comportamentos externados no dia a dia de trabalho. Assim poderão realizar as necessárias intervenções, de modo a evitar que a qualidade dos serviços oferecidos seja comprometida.

Com base em Macedo e colaboradores (2012), apresentamos a seguir os seis estágios que podem servir ao acompanhamento do ciclo de vida das equipes, desde a concepção do grupo. São eles:

❏ formação – é o primeiro momento do grupo. Nesse início, as pessoas se comunicam cautelosamente. Conhecem a tarefa e as condições de realização, mas ainda não tomaram consciência das diferenças individuais;

- tumulto – as pessoas divergem sobre os assuntos e sobre o que caberá a cada um para a realização da tarefa. Ainda não existe confiança mútua e isso dificulta o compartilhamento de ideias e de recursos. A comunicação começa a fluir e as pessoas se esforçam para conviver;
- normalidade – os objetivos se tornam claros. As pessoas passam a compartilhar ideias, recursos e decisões. Lideranças emergem e são aceitas. A comunicação é aberta e clara, predominando, muitas vezes, a comunicação não verbal (assunto tratado no capítulo 4). O ambiente se torna propício ao estabelecimento da confiança. Nesse estágio, o grupo já é considerado equipe;
- desempenho – esse estágio é o ápice da equipe. As pessoas compartilham intensamente suas considerações, propósitos e até dificuldades. A comunicação é franca, apoiada pelo respeito comum. Pode ocorrer o compartilhamento da liderança e surgir necessidade de novos desafios;
- acomodação – o estágio de desempenho pode ser seguido pela acomodação, que se caracteriza por baixos níveis de entusiasmo, desinteresse de um pelo outro, pouca comunicação e conflitos frequentes. Constatada a acomodação, pode ser necessário efetuar transformações na equipe, sob pena de ela voltar ao momento inicial de grupo em formação;
- transformação – as propostas de soluções são encorajadas, no intuito de redefinir os propósitos da equipe, os processos e os papéis exercidos. A comunicação volta a se intensificar e a confiança é recuperada. A substituição ou a inclusão de novos integrantes poderá ser benéfica, e outras lideranças poderão despontar.

Um exemplo desse processo pode ser uma loja de ferragens que inicia suas atividades timidamente, com cinco funcionários.

No primeiro momento, ninguém se conhece, e as pessoas se articulam com cautela. O grupo evolui para uma equipe coesa, que trabalha unida, até o momento em que a empresa se transforma em uma loja de departamentos, surgindo desafios e necessidade de novas contratações. Inicialmente, as pessoas podem se mostrar desconfiadas e desmotivadas; entretanto, vão gradualmente vislumbrando as vantagens da expansão do negócio e passando a aceitar as diferentes atribuições e os novos companheiros de trabalho.

Por melhor que seja o ato de trilhar os vários estágios de desenvolvimento da equipe, isso não garante a plenitude do seu funcionamento nem a qualidade dos resultados. Algumas bases para o funcionamento de equipes, em particular equipes que atendem o cliente, devem ser consideradas e estimuladas. Vejamos a seguir algumas delas.

Bases para o bom funcionamento de equipes

São muitos os alicerces que permitem que uma equipe se desenvolva e se mantenha funcionando satisfatoriamente. Entre esses, destacam-se:

Sinergia

A sinergia é o efeito multiplicador que tem uma ação quando realizada pela associação de diferentes elementos. É um somatório de forças que, juntas, tendem a superar os esforços considerados individualmente. No caso de equipes, a sinergia representa um "ganho extra" que se obtém a partir do somatório das capacidades de cada integrante focado no objetivo comum e motivado para a conquista do melhor resultado.

Liderança forte

Integrantes de equipes que atendem clientes necessitam de uma liderança forte. E o que isso representa nessas equipes em particular? Devem ser líderes bem preparados tecnicamente, exímios comunicadores e capazes de delegar. Para tanto, precisam que sua equipe esteja capacitada para exercer bem a autonomia recebida. Equipes de linhas de frente de atendimento ao público devem oferecer respostas rápidas e eficazes aos clientes, para que se sintam satisfeitos, bem atendidos e retornem, mantendo os clientes para futuras negociações.

Aceitação das diferenças

Pessoas distintas podem se revezar ou cooperar entre si para lograrem êxito no atendimento a um cliente ou a um grupo de clientes. O objetivo aqui é produzir excelência, e é essa a liga que precisa unir diferenças e adversidades como se fossem afinidades. Um cliente precisa receber um atendimento expresso no mesmo tom, mesmo que seja realizado por mais de uma pessoa. As diferenças, por outro lado, abrem oportunidades para a aquisição de conhecimentos e habilidades e para o desenvolvimento de competências. Um bom exemplo é uma loja de artigos esportivos. Vendedores e clientes fazem parte de diferentes torcidas dos times de futebol em determinada região. Vender produtos de um time "adversário" é uma tarefa que precisa ser feita com total imparcialidade, sob pena de contrariar um cliente.

Atitudes de lealdade e respeito

Atender um cliente deve ser um ato de extrema lealdade e respeito mútuo dentro da equipe. Todos são responsáveis por um bom atendimento. É inaceitável que integrantes de uma equipe transfiram a responsabilidade para os demais quando ocorrerem divergências ou dificuldades com um cliente. Na equipe, os relacionamentos devem estar apoiados no senso de comprometimento mútuo e solidariedade. Por exemplo: um grupo de senhoras idosas que chega a uma loja de roupas pode ser impactado positivamente se a equipe se articula para lhes oferecer assentos e um copo de água.

Comunicação aberta e franca

Para que a equipe possa prestar um bom atendimento, o discurso de todos os seus componentes precisa estar em sintonia fina. Para isso, não deve existir qualquer tipo de informação individualizada ou privilegiada, de modo a permitir que todos conheçam as regras para o bom atendimento, os objetivos a serem alcançados pela equipe, os recursos disponíveis e, sempre que possível, os contratempos que poderão ser enfrentados. A franqueza e a sinceridade dão o tom da conversa, e o espaço deve ser aberto a todos que queiram se manifestar. Nos dias atuais, não é incomum recebermos promessas de atendimento, notadamente na área de prestação de serviços, que não são cumpridas. Todos nós, na qualidade de clientes, certamente já fomos surpreendidos por equipes totalmente desarticuladas que se revezam, sim, para apresentar desculpas desencontradas e em dissonância com a realidade dos fatos.

Aprendizagem coletiva e compartilhamento de conhecimento

Na equipe de atendimento ao cliente, as novidades não param. Cada dia, cada atendimento é absolutamente singular. É, por assim dizer, um ambiente fértil para a aprendizagem de comportamentos e para a constatação dos novos patamares de satisfação da clientela. Uma equipe de atendimento deve aproveitar as experiências vividas e os conhecimentos adquiridos para incrementar seu portfólio, ampliar suas capacidades e ajudar na preparação dos futuros companheiros, compartilhando suas descobertas. A afirmativa "o que eu sei eu guardo para mim" certamente está com os dias contados. Quando cada integrante de uma equipe compartilha o que sabe, a reciprocidade acontece e em pouco tempo se percebe o ganho em aprendizagem. Uma equipe coesa e bem-preparada comete menos erros e tende a prestar um atendimento cada vez melhor. Para tanto, se faz necessário também que esteja motivada para servir bem, ou seja, prestar bons serviços.

Motivação para servir

Para realizar um atendimento de excelência, é preciso que haja, sedimentado no DNA da empresa, uma verdadeira cultura de serviços, ou, melhor dizendo, uma verdadeira cultura do *servir*. Ford, McNair e Perry (2005) chamam a atenção para a paixão por servir e ajudar o próximo. Em uma equipe de atendimento ao cliente, é fundamental contar com pessoas que sintam uma sincera necessidade, vontade e desejo de auxiliar o outro. Acreditamos que, sem essa motivação, não é possível desenvolver uma verdadeira cultura voltada essencialmente para serviços de qualidade, na qual a cooperação é o traço mais marcante do trabalho em equipe.

Cooperação

É necessário, em qualquer equipe de excelência, um intenso processo de integração humana, no qual todos se sintam responsáveis por agilizar o atendimento ao cliente, vencer dificuldades e concluir tarefas. Integrantes de uma equipe cooperam e não competem.

Mesmo que os integrantes de uma equipe não estejam fisicamente próximos, é fundamental que se tenha consciência de que trabalhar em equipe é uma competência coletiva. Nesse particular, Dyer, Dyer e Dyer (2011) salientam a importância da cultura organizacional, da estrutura orgânica e dos sistemas da organização na facilitação do desenvolvimento da equipe. A cultura é particularmente importante, em razão de que os valores e premissas por ela prezados irão emular uma espécie de cultura "pró-equipe", em que funcionários de diferentes setores e até mesmo *stakeholders*, tais como clientes, prestadores de serviços e fornecedores, estarão atuando em uma espécie de coparticipação. A filosofia de aldeia global, cada vez mais intensa no mundo interconectado, faz com que despontem verdadeiras comunidades de equipes, com novas denominações, como: equipes de cocriação, equipes colaborativas e grupos de práticas. Os autores citam o exemplo da Chrysler, cuja área de projetos possui um posto de trabalho denominado *mesa do engenheiro visitante*. Esse espaço é ocupado por clientes que se mostrem desejosos de colaborar com a projeção de um novo automóvel.

Existe uma história de cooperação e mobilização que, por conta de um ruído de comunicação entre os integrantes da equipe, passou ao folclore da empresa que a protagonizou. Há alguns anos, uma empresa de ônibus transportava sem saber de São Paulo para o Rio de Janeiro um cãozinho morto. Na chegada ao Rio de Janeiro, a equipe local, percebendo o cão falecido, julgou que ele tivesse morrido durante a viagem. Houve uma grande mobilização dessa equipe para comprar outro cãozinho da mesma raça, sedá-lo e colocar na gaiola, a tempo de ser retirado pelo seu dono, cliente da empresa. Passado algum tempo, a empresa recebeu uma carta do cliente dizendo conhecer o esmero e a qualidade do seu atendimento, mas, ao ressuscitar seu cão, eles teriam se superado. Como você pode perceber, leitor, exageros também acontecem.

O grau de cooperação pode ser mais ou menos intenso, dependendo do nível de interdependência entre os componentes de uma equipe. Algumas tarefas requerem mais interação e colaboração do que outras. Nesse aspecto, como discutido no capítulo 4, a fluidez de comunicação é primordial. Dyer, Dyer e Dyer (2011) apontam três diferentes graus de interdependência. Defendem que existe a interdependência modular, a sequencial e a recíproca, apresentadas a seguir.

A interdependência modular é caracterizada por equipes que não precisam atuar o tempo todo integradas, mas apenas no momento em que é necessário reunir os resultados para gerar uma realização coletiva. Aqui citamos como exemplo o elenco de profissionais que trabalham em uma loja de departamentos e que atendem separadamente o público masculino, feminino e infantil.

A interdependência sequencial ocorre quando um dos integrantes da equipe não tem como realizar suas atividades sem que outro tenha realizado as dele e lhe repassado os resultados parciais. Nesse caso, essas pessoas precisam, com frequência, afinar e compatibilizar a linguagem. Aqui podemos trazer de volta a loja de departamentos, agora considerando o trabalho da recepcionista que fornece informações na entrada, o vendedor de um departamento que realiza a venda, o caixa que recebe o pagamento e, por último, ao final do processo, o empacotador, que entrega a mercadoria ao cliente.

A interdependência é recíproca quando é necessário um trabalho simultâneo, em que os integrantes se articulam praticamente o tempo todo. Precisam se comunicar e interagir enquanto produzem os resultados. Um exemplo pode ser uma equipe de garçons que estão prestando serviços em determinado evento. Vários deles se revezam ao longo do período, oferecendo de forma ritmada diferentes petiscos e bebidas aos convidados. O ritmo de trabalho se assemelha às atividades desenvolvidas por equipes de esportes. Para o resultado ser bom, é necessário que todos atuem quase simultaneamente, cada qual em seu papel.

Diante disso, o líder de uma equipe precisa estar atento ao nível de interdependência que o trabalho irá exigir, de forma a poder incentivar e fortalecer as condições propícias à cooperação e ao entrosamento.

E quanto a você, leitor, em qual nível de interdependência se enquadra sua equipe de trabalho?

Uma equipe não deve se contentar em ser uma equipe mediana, porque, no atual contexto, precisa se superar continuamente. Para atender clientes exigentes, deverá inovar sempre e gerar novos valores perceptíveis pela clientela. Deve assim evoluir para uma equipe de alto desempenho.

Equipes de alto desempenho

As equipes de alto desempenho são percebidas como uma evolução da equipe mediana. Possuem um forte sentimento de propósito, buscam a superação e procuram trabalhar com o máximo entrosamento, à semelhança dos times de esportes coletivos, nos quais os atletas cooperam entre si e se esforçam para obter juntos as melhores marcas.

As equipes de alto desempenho nutrem uma intensa cultura do *nós*, uma forte coesão e o permanente desafio de se superar.

A construção de equipes de alto desempenho exige forte interatividade para que se amplie a confiança mútua. Nessas equipes, as pessoas estão magnetizadas pela força do sonho de vencer, partilhar a vitória e principalmente, ao vencer, superar o brilho de vitórias anteriores. Como exemplo, cita-se o empenho de todas as equipes que, juntas, fazem uma escola de samba desfilar, o sentimento de unidade das delegações esportivas, envolvendo atletas, treinadores e profissionais de saúde, atuando na Copa do Mundo e em outras competições de magnitude internacional, que exijam o esmero dos organizadores e de todos os colaboradores.

Reis e colaboradores (2009) lançam luz para os aspectos que diferenciam a equipe de alto desempenho da equipe comum, enfatizando que é a intensidade com que as ações ocorrem, associada às atitudes dos integrantes da equipe, que reforça a confiança e gera o desejo de ir além.

Pelo visto, quando a equipe é bem constituída e adequadamente desafiada, pode quebrar seus próprios recordes. Esse processo é auxiliado pelo uso intensivo dos canais de comunicação, principalmente do líder em direção à equipe, para oferecer *feedback*.

Feedback para a equipe

Feedback é uma espécie de crítica construtiva que se traduz em mensagem a uma pessoa, no sentido de lhe dar informações sobre como sua atuação a está afetando, como afeta os demais e seu desempenho no trabalho. Portanto, trata-se de um mecanismo que explora o relacionamento interpessoal, mencionado no capítulo 2, como oportunidade de desenvolvimento. Se não for adequadamente transmitido, seja pelo seu conteúdo ou pela oportunidade, o *feedback* pode gerar reações que afetam a autoestima das pessoas, intensificam conflitos emocionais ou propiciam desmotivação para o trabalho.

Como em qualquer ação planejada, para aumentar a efetividade do *feedback*, o líder da equipe de atendimento deverá atentar para as seguintes etapas:

❑ organizar a reunião de *feedback* – essa etapa tem início na adequação do momento. Aqui é importante destacar os pontos a serem melhorados, separar alguns exemplos de atendimento de excelência e avaliar a capacidade de recepção da pessoa a quem o *feedback* será dirigido;
❑ iniciar o *feedback* praticando a comunicação direta e eficaz – uma técnica bastante usual para o exercício do *feedback* é a chamada PNP – que significa positivo-negativo-positivo. O processo é o seguinte: abra o encontro oferecendo um elogio ou apontando uma qualidade (ponto positivo). Em seguida, pontue os atributos a serem melhorados (e que se mostram negativos). Para finalizar, torne a oferecer um ou mais pontos positivos. O propósito do método é gerar um ambiente leve e amistoso para a reunião de *feedback*.

Em equipes de atendimento ao cliente, essa metodologia poderia ocorrer, por exemplo, da seguinte maneira: imaginemos o *feedback* para um profissional de atendimento na recepção de um hospital. O começo da conversa poderia ser com um elogio: "Você é muito querido por toda a equipe médica". Em seguida, podem vir recomendações de pontos a melhorar: "É necessário estar mais atento ao tratamento 'senhor' ou 'senhora' às pessoas que nos procuram e preencher corretamente todos os dados da listagem de controle de acesso". Finalizando, um comentário estimulante: "Você tem um papel muito importante em nossa equipe".

Durante o *feedback*, o líder deve praticar a escuta ativa e evitar interromper o outro. Deve se concentrar nos aspectos que podem ser mudados, enfatizando as vantagens que poderão advir da mudança.

❑ mostrar os comportamentos a serem alterados ou comemorados – as necessárias melhorias devem ser sugeridas ao mesmo tempo em que são oferecidas as condições para que ocorram, disponibilizando orientação, busca conjunta por soluções, treinamento ou outras possibilidades de atenção àquilo que falta. Quaisquer comentários de natureza pessoal devem ser evitados, uma vez que o *feedback* se refere aos comportamentos mostrados, e nunca à pessoa que o recebe. Levando-se em conta que alguns comportamentos atendem ou até superam as expectativas e, por isso, não carecem de alteração, ao final do encontro, não se pode deixar de elogiar os pontos fortes e celebrar as realizações.

❏ firmar compromissos – um compromisso simbólico (carta de intenções, contrato, acordo dialogado etc.) deve ser pactuado, para demarcar os ajustes que serão feitos e os respectivos prazos. Com isso, será oportuno realizar um pós-encontro para avaliar se as mudanças ocorreram, e, caso negativo, realinhá-las.

Essas reuniões podem ganhar os contornos de um espaço para trocas interpessoais, nas quais o líder também deve aproveitar o momento para solicitar *feedback* da equipe.

Os clientes podem também ser convidados a dar *feedback* sobre a qualidade do atendimento prestado pela equipe como um todo ou por algum ou alguns de seus integrantes. Ford, McNair e Perry (2005:175) alertam as equipes para que não caiam na armadilha de imaginar que receber *feedback* do cliente é uma responsabilidade da gerência. E provocam: "Você é os olhos e ouvidos do cliente, pois os vê do outro lado do balcão, entre os corredores, ou os ouve ao telefone e tem grandes negócios a oferecer, portanto, informe-se e veja o que pode fazer". É de interesse de cada componente da equipe aproveitar todas as oportunidades em que possa colher percepções sobre a qualidade do seu trabalho.

Por fim um comentário que entendemos ser fundamental: não existe *feedback* positivo nem negativo; apenas *feedback*.

Os comportamentos ou aspectos focalizados é que poderão ser positivos ou negativos.

Desafios e soluções em equipes

Liderar equipes é ser permanentemente desafiado a romper barreiras e encontrar soluções criativas e rápidas. Apresentamos a seguir alguns desses desafios.

Equipes masculinas, femininas ou mistas?

É oportuno dirigir o foco para as questões relacionadas às diferenças de sexo quando se trata de equipes que atendem clientes. Para que possamos fazer isso, convém retornarmos às origens do ser humano. Historicamente, homens e mulheres realizavam tarefas diferentes. Enquanto os homens caçavam e guerreavam, cuidando de prover a alimentação e a segurança do clã, as mulheres se responsabilizavam pela guarda dos filhos e tarefas domésticas.

O mundo mudou, evoluiu, e as mulheres chegaram ao mercado de trabalho. Entretanto, apesar de encontrarmos tanto homens quanto mulheres nas mesmas posições profissionais, não se perderam as características e preferências que marcam as diferenças entre os sexos masculino e feminino.

Os homens externam suas predileções por posições competitivas, individuais e de liderança, enquanto as mulheres, na sua maioria, denotam preferência por atividades em grupo, de contato com outras pessoas e menos ambições por funções de comando, *status* ou riqueza. Esse é um posicionamento de Nicholson (2001). Ainda para o autor, enquanto os homens tendem a se voltar para atividades industriais e tecnológicas, as mulheres tendem a procurar por profissões voltadas para a propaganda, o varejo e cuidados pessoais. As diferenças entre os sexos tratadas por Nicholson (2001) serão apresentadas no quadro 5.

Quadro 5
Diferenças entre os sexos

Homens	Mulheres
São maiores e mais fortes.	Sentem e expressam emoções de forma mais fácil.
São mais competitivos.	
Estão mais dispostos a correr riscos.	São mais empáticas e carinhosas.
	Têm melhores habilidades sociais.
Concentram-se em tarefas de forma mais direta.	São mais cooperativas.
	São melhores na realização simultânea de várias tarefas.
Têm melhores habilidades de mapeamento mental.	
	Têm melhor memória para a localização e são melhores na identificação de objetos.
Têm mais capacidade e interesse no uso de ferramentas.	

Fonte: Adaptado de Nicholson (2001:81).

As diferenças entre homens e mulheres não são significativas a ponto de afetar o desempenho no trabalho, na opinião de Robbins, Judge e Sobral (2010). Mesmo mantendo as tendências já apontadas para cada sexo, os autores defendem que não há expressividade que faça distinção entre homens e mulheres em habilidades, por exemplo, para resolução de problemas, capacidade de análise, sociabilidade e capacidade de aprendizagem. As diferenças, para eles, afetam mais a nossa percepção e menos a realidade dos fatos. Em que pese o posicionamento dos autores, as mulheres são mais detalhistas e os homens são mais objetivos. A predominância dessas características é importante no ambiente organizacional.

Apesar das diferenças, há um predomínio da necessidade de organizar os relacionamentos, de sorte que a cooperação frutifique em prol de resultados de excelência. Nicholson (2001) alerta que, no mundo dos negócios, a cada dia, a ênfase é mais dirigida aos relacionamentos, notadamente no ato de lidar com clientes, na construção de equipes e na formação de alianças.

Ao que parece, as atividades que envolvem contato com o público abrem oportunidades para que mais mulheres adentrem o mercado de trabalho e também demandam, dos profissionais de ambos os sexos, um entrosamento cada vez mais intenso, de forma que aliem à capacidade de atender a capacidade de negociar e de superar resultados. Sem dúvida, quando a competência em gerar valor e surpreender clientes passa a representar vantagem competitiva, há espaço para todos que queiram entregar o melhor de si.

Gerenciamento da memória da equipe

Dentro do processo de gerenciamento das informações específicas da equipe, surge espaço para a concepção de um portfólio contendo dados sobre sua atuação e desempenho. Esse banco de memória da equipe é, na visão de Reis e colaboradores (2009), uma espécie de *book* personalizado, no qual são registradas as principais realizações da equipe ao longo de um período significativo.

Essa coletânea de informações servirá tanto para registro e lembrete dos feitos da equipe como para o treinamento de futuros componentes, já que pode integrar um glossário de termos-chave, metodologias, entre outras ferramentas de uso da equipe. Ainda para os autores citados, nesse portfólio deverão ser registrados os avanços e os produtos e entregas da equipe, seus sucessos e suas dificuldades, apontando razões, recursos utilizados e tudo mais que puder ser útil para efeitos de consulta e de prevenção de situações análogas que possam ocorrer no futuro.

Desenvolvimento das pessoas da equipe

O desenvolvimento da equipe pode apontar em duas direções: a primeira representa a evolução de um grupo até chegar a uma equipe de alto desempenho, que foi apresentada anteriormente. A segunda diz respeito a educação, treinamento e desenvolvimento de seus integrantes.

A educação nas organizações é dividida por Macedo e colaboradores (2007) em três tipos: educação técnica, educação pessoal e educação organizacional. Esse posicionamento auxilia no entendimento das esferas nas quais os integrantes das equipes necessitam ser preparados.

No âmbito da educação técnica, cabe decompor as tarefas inerentes ao atendimento em elementos que possam ser transformados em conceitos e metodologias de trabalho e transmitidos por meio de técnicas de treinamento. A educação técnica é essencial para a uniformização dos processos e, assim, para a correta realização do trabalho.

Diferente dessa abordagem é a educação pessoal, que serve para toda a vida e para todos os espaços de vida de qualquer indivíduo. Aqui se trata do autoconhecimento, mencionado no capítulo 2, com destaque para a identificação do potencial para os desafios presentes e futuros. No que tange à capacidade de realizar atendimento ao cliente, acreditamos que se pode somar à educação pessoal, proposta por Macedo e colaboradores (2007), a educação interpessoal. Esta última é aqui entendida como o desenvolvimento de habilidades de relacionamento, como a comunicação, o compartilhamento, a multiplicação do conhecimento e o próprio trabalho em equipe, que dá o tom quando o assunto é o relacionamento entre pares e, principalmente, o relacionamento com o cliente. A educação interpessoal permitirá a expansão da inteligência interpessoal, enquanto a educação pessoal irá potencializar a inteligência intrapessoal, ambas integrantes das múltiplas inteligências definidas por Gardner (1995) e discutidas no capítulo 2.

A educação organizacional é mais ampla e deve ser amplamente estendida a todos que trabalham na empresa. Ela se ocupa de levar até as pessoas informações que gerem conscientização sobre a história e o futuro da organização, uma vez que tem por objetivo apresentar elementos como a missão da organização (qual é seu negócio e seu papel na sociedade), a visão de futuro (aonde ela deseja chegar e quando), os objetivos (quais são as metas e os resultados desejados), os valores (quais são os pilares e as crenças sobre os quais repousam as atitudes da organização) e suas estruturas e sistemas (que representam os recursos necessários ao alcance dos objetivos e à manutenção da organização).

Levando em conta a celeridade com que surgem novos conhecimentos, educar pessoas é uma tarefa contínua. Isso requer de todos na equipe o desenvolvimento da capacidade de transmitir o que sabem para encurtar caminhos que coloquem novos integrantes da equipe no rumo adequado. Ademais, sendo a organização um sistema único, que existe para satisfazer as necessidades de seus clientes, todo esse conhecimento, gerado e aprendido dentro do espaço de atendimento, deverá ser levado aos demais profissionais da empresa, de modo que se crie uma cultura do "atender bem" em todas as áreas e em todos os níveis da organização. É fundamental que todos conheçam e se conscientizem da importância de um atendimento de excelência.

Conflitos e mudanças em equipes

Considerando todas as vantagens do trabalho em equipe e o quanto vale investir no seu desenvolvimento, a inadequação na escolha dos integrantes ou na definição de seus propósitos, ao invés de fortalecer, pode levar ao enfraquecimento da equipe quando eclodem ou se intensificam os conflitos. Manejar conflitos é um dos grandes desafios para o líder de uma equipe, notadamente se considerarmos o risco de exposição das partes na presença de clientes, como o exemplo citado anteriormente neste capítulo, ou seja, o vendedor que discutiu com outro diante do cliente.

No universo das relações interpessoais, é natural – e até desejável – que haja divergências de ideias, crenças e processos. Se situações de confronto acabam sendo inevitáveis tanto em questões profissionais quanto pessoais, é preciso mitigá-las em favor do adequado atendimento ao cliente.

Telles (2007:1) menciona que Mary Parker Follet "foi pioneira em utilizar o conflito como ferramenta para o desenvolvimento de pessoas". Follet oferecia então três formas de lidar com o conflito – dominação, conciliação e integração –, explicando que a dominação era a maneira mais fácil, mas que geralmente se mostrava malsucedida; que a conciliação tinha como barreira não evidenciar com clareza o que pensavam os contendores, afirmando que ninguém quer realmente conciliar-se, pois isso significa renúncia a algum desejo. Defendia, como solução, a integração, por permitir que as partes se percebam atendidas em suas necessidades e expectativas (Graham, 1997).

Os conflitos podem ser substantivos ou emocionais, segundo Schermerhorn Jr., Hunt e Osborn (1999). Para esses autores, os conflitos substantivos ocorrem naturalmente quando pessoas trabalham juntas e eventualmente discordam sobre uma técnica ou um plano de ação a ser seguido, por exemplo. Já os conflitos emocionais, por envolverem dificuldades interpessoais, acabam por gerar sentimentos como antipatia, raiva, desconfiança, e também têm a capacidade de subtrair energias que as pessoas poderiam estar aplicando em um bom atendimento. Os autores citados sinalizam ainda para os conflitos construtivos e os destrutivos, quando acarretam ou não benefícios para as pessoas, para a equipe e para a organização.

Robbins e Finley (1997) enumeram alguns geradores de conflitos que podem impedir as equipes de funcionar, entre os quais se destacam: as necessidades mal combinadas, o estabelecimento de metas confusas, a indefinição de papéis, o predomínio de uma cultura antiequipe, a falta de confiança, a liderança ruim, o uso de ferramentas impróprias, a má concepção de sistemas de recompensas e a insuficiência de *feedback* e de informações. Como se vê, a lista de fatores que levam ao conflito e ao insucesso é longa.

Para enfrentar um conflito, o líder da equipe deve administrar sua ocorrência até que encontre uma solução. Entre os caminhos para a solução de conflitos, o diálogo, notadamente o diálogo aberto no tempo e no espaço destinado ao *feedback*, é o mais indicado. Ele permite que as partes sejam ouvidas e os pontos de discórdia sejam esclarecidos. O diálogo pressupõe que haja na equipe motivação e autocontrole das partes, para que consigam argumentar e fazer concessões. O líder da equipe tem papel fundamental na mediação dos conflitos.

Um conflito pode ser benéfico quando é percebido como um ponto de partida para mudanças individuais e coletivas, uma vez que previne a estagnação, desperta o interesse e a curiosidade pelo desafio da oposição, revela os problemas e demanda sua resolução.

Equipes precisam lidar sistematicamente com o novo, e isso pode gerar tanto conflitos quanto resistências emocionais às mudanças. Esse tipo de resistência é a reação negativa a alguma mudança que esteja sendo empreendida. Tal reação, nem sempre de forma explícita, poderá derivar de muitas causas, tais como insegurança, intransigência, experiências anteriores, medo do desconhecido ou prejuízo no trabalho, seja pelo aumento do volume, seja pela diversidade de tarefas.

Neste capítulo, vimos que a largada para a formação da equipe é dada com a formação de um grupo de trabalho que, uma vez coroado pelo alto grau de comprometimento, confiança e cooperação, evolui para equipe de alto desempenho. Realçamos que esse processo é facilitado e acelerado se observadas algumas bases para os bons trâmites na equipe, e que sua perpetuação e o refinamento da qualidade de seu trabalho será facilitado pela intensificação de *feedbacks*. Ao final, apontamos os principais desafios para os quais a equipe deverá oferecer soluções.

Liderar as equipes e as mudanças que vão se mostrando necessárias exige capacidade inovadora e abertura para o novo. Assim, é importante destacar que a dificuldade na aceitação de mudanças está intimamente relacionada às dificuldades com mudanças pessoais. O líder da equipe precisa estar atento aos comportamentos que cada membro exterioriza e ser um promotor do "é permitido tentar", encorajando as pessoas a colocar a imaginação a serviço de um atendimento cada vez melhor. É de liderança que trataremos no próximo capítulo.

6

Liderança para excelência no atendimento

A liderança é um papel, é um comportamento, que requer um conjunto de capacidades. Para a equipe, o líder deve ser um exemplo e um referencial de excelência a ser seguido. Na atualidade, quando a velocidade das mudanças imprime o ritmo das transações, um profissional que realiza atendimento a clientes internos e externos pode rapidamente se transformar em líder de uma nova equipe amanhã. Para tanto, é necessário que faça do seu dia a dia um espaço de aprendizagem contínua.

Neste capítulo, iremos apresentar algumas reflexões acerca da polêmica entre os reais papéis de líder e chefe. A liderança será contextualizada por meio de alguns conceitos, que foram sendo enunciados ao longo do tempo em que as empresas vêm evoluindo e demandando novidades. O papel do líder será avaliado pelo prisma do exercício do poder. As competências necessárias ao exercício da liderança serão apresentadas, dando-se ênfase àquelas que venham ao encontro do líder de equipe que busca esmero no atendimento ao cliente. O capítulo será encerrado mostrando a importância de uma equipe motivada para a excelência.

Liderança e chefia

O tema liderança sempre desperta as seguintes questões: todo chefe é líder? Todo líder é chefe? Fique atento, leitor, porque a liderança é muito confundida com a chefia. Então, vamos às diferenças entre chefe e líder?

Um chefe é alguém que ocupa uma posição que é formalizada por meio de um cargo de comando, dirige as atividades realizadas pelos empregados e responde pelo resultado dessas atividades perante um chefe superior a ele. O cargo por ele ocupado pressupõe o *status* de chefe e quase sempre se faz acompanhar da denominação da área ou função pela qual é responsável, como diretor comercial, gerente administrativo, gerente de vendas, supervisor de crédito, encarregado do serviço de atendimento ao cliente.

Um líder pode ser ou não um ocupante de cargo de comando. Se for, ótimo, porque a liderança é um conjunto de ações que refletem boas relações interpessoais com a equipe, com os clientes, com outros *stakeholders* e com os negócios. O líder é alguém aceito pelo grupo e legitimado como seu representante e porta-voz. Ele influencia as pessoas para segui-lo, ouvi-lo e acatar suas recomendações. Os exemplos indicados no parágrafo anterior poderão servir também para líderes, desde que os ocupantes daqueles cargos de comando detenham as capacidades aqui apontadas.

Como conceito, trazemos a visão de Macedo e colaboradores (2012:94), para quem a liderança "é a arte de educar, orientar e mobilizar as pessoas, para persistirem na busca de melhores resultados, num ambiente de desafios, riscos e incertezas".

Um líder deve mobilizar a equipe para que ela surpreenda o cliente. Nesse particular, atender, surpreender e encantar clientes são desafios permanentes para líderes de todos os estilos.

Estilos de liderança

Ao longo da história e da evolução das relações humanas no mundo empresarial, verificou-se que o estudo do fenômeno da liderança é uma constante. Por volta da década de 1940, os líderes passaram a ser identificados pelo seu jeito de exercer a liderança, o que foi dando origem a diversos estilos. Entre eles, destacam-se:

Liderança autocrática e liderança democrática

Após a II Guerra Mundial, iniciou-se um movimento para identificação dos comportamentos apresentados pelos líderes. Segundo Kinicki e Kreitner (2006), diversas pesquisas mostraram que alguns líderes apresentavam uma tendência maior para se preocupar com as necessidades e desejos da equipe, enquanto outros focavam os resultados da produção. Isso gerou a percepção de determinados conjuntos de comportamentos, o que resultou nos estilos de liderança autocrática e democrática.

Líderes com maior inclinação para a consecução das tarefas, com forte tendência à centralização das decisões e pouca comunicação com a equipe são chamados de líderes autocráticos. No entanto, quando a empresa busca a excelência no atendimento, é necessário escutar as pessoas que estão em contato com o cliente. Uma multinacional contratou uma consultora para ministrar um curso de atendimento ao cliente. Durante o curso, a consultora constatou que a equipe sabia o que deveria fazer para melhorar o atendimento. E por que a empresa não realizava as mudanças sugeridas pela equipe? Porque o estilo do líder era autocrático e não permitia a participação dos funcionários. O que a consultora fez? Sutilmente, sugeriu que o gerente realizasse um trabalho com um *coach*. Depois desse trabalho, finalmente as ideias foram colocadas em prática e o atendimento ao cliente melhorou na empresa.

Já os líderes com maior inclinação para as relações interpessoais, para a prática da comunicação como via de mão dupla e que compartilham decisões com a equipe são vistos como líderes democráticos.

Wagner e Hollenbeck (2009) acrescentam que as pesquisas orientadas para os estilos de decisão dos líderes apontam ainda para um líder liberal, uma espécie de líder democrático com uma nova face. O traço marcante do líder liberal é permitir ao grupo atuar por si só. Nesse particular, esses autores consideram que nos últimos anos a liderança autocrática vai virando uma raridade. Citam o exemplo das equipes da empresa Hewlett--Packard (HP), em que boa parte do trabalho é organizada sem a definição de hierarquias.

Liderança contingencial

Um pouco mais à frente, as atenções se voltaram para uma perspectiva mais ampla do exercício da liderança – a situação, circunstância ou contingência –, dando origem a uma nova visão de liderança. Nessa linha, definir se um líder é autocrático ou democrático passou a ter importância secundária. O mesmo sucedeu com a busca por definições sobre o melhor ou pior estilo de liderança. O tom da conversa passou a ser dado pela contingência ou situação. Nessa abordagem, consideram-se três conjuntos de forças que influenciam um líder na escolha de seu estilo, a saber: forças presentes no líder, forças presentes na equipe e forças presentes na situação. A adoção de um estilo pelo líder passa a ser em função de cada situação.

De um líder contingencial poderá ser exigida uma conduta autocrática em determinado momento e, em outro, um comportamento democrático. Dependendo das exigências do cliente e do grau de maturidade da equipe, esse mesmo líder poderá até assumir uma conduta liberal, dando autonomia às pessoas para atuação independente em situações emergenciais ou específicas.

Outro olhar lançado para esse estilo de liderança nos leva ao foco das ações desse líder, seja na direção das tarefas, seja na direção das pessoas. Os comportamentos dirigidos à tarefa mostram a extensão em que o líder dá orientações à equipe por meio da oferta de desafios e metas e na definição de papéis. Já os comportamentos associados à abertura para tomadas de decisões, apoio pessoal e envolvimento nos feitos da equipe denotam um líder orientado para os relacionamentos. Esses comportamentos vão se alternando de acordo com as diferentes situações que se sucedem.

Será, leitor, que o ideal para uma boa atuação do líder é o equilíbrio entre os dois pilares: resultados e pessoas? O que você acha?

Liderança transformadora

A busca por estilos de liderança não parou no tempo. O líder moderno atua em cenários inóspitos e mutantes, que exigem mudanças e adaptações constantes. Mudar e adaptar-se implica realizar transformações. Segundo Bennis, citado por Cavalcanti e colaboradores (2009), a expressão liderança transformadora caracteriza os líderes que assumem a responsabilidade de remodelar as práticas organizacionais, visando à adaptação às mudanças ambientais. Uma mudança implica um modo diferente de agir, enquanto a transformação resulta em um modo diferente de ser. O líder transformacional considera transformações profundas, que podem envolver mudanças de valores e crenças.

Liderança servidora

A liderança servidora acena como um estilo muito compatível com o líder de equipes que buscam a excelência. Atender clientes é realizar um serviço e, em última análise, servir. Praticar a liderança servidora é criar uma cultura do servir. Afigura-se a um estilo de trabalho que instiga as pessoas a indagar sempre a quem estão servindo e, no caso de não estarem servindo a um cliente diretamente, abraçarem a ideia de que estão servindo a alguém que irá atender o cliente mais à frente.

Kinicki e Kreitner (2006) sugerem que a liderança servidora está mais para uma filosofia de gerenciamento do que para um estilo de liderança. O líder servidor coloca as necessidades dos outros, principalmente dos clientes e, quando necessário, da sua equipe, como prioridade. Ele exerce a liderança de forma flexível, criando oportunidades dentro da equipe para que novas lideranças possam aflorar.

A situação ideal

Pondo em tela a liderança de equipes que primam pela excelência no atendimento a clientes, parece que um *mix*, combinando os estilos de liderança contingencial, transformadora e servidora, vem a calhar. Você concorda, leitor?

Uma contribuição de Maxwell (2007) nos leva a pensar na abrangência do conceito de liderança, em razão daquilo que ele denomina equipe de líderes. Esse autor defende que uma equipe de líderes é mais eficiente que o líder único, sem falar que os líderes são necessários em todos os níveis e estão em permanente processo de desenvolvimento. Acrescenta ainda que, na medida em que uma organização tem bons líderes no escalão intermediário, a tendência é que eles continuem se desenvolvendo e se tornem melhores ao alcançar posições superiores na hierarquia da organização. Liderar implica ter poder e influenciar pessoas. Vejamos como isso ocorre.

Exercício do poder

Fazer uso do poder e conduzir mudanças, tendo de manejar resistências e conflitos, são ações permanentes demandadas dos líderes de equipes da atualidade. Falar da liderança como um exercício de influência de um sobre outros se aproxima do conceito de poder.

O poder é a habilidade de influenciar indivíduos e grupos, e está intimamente relacionado com a capacidade de liderar. Para Bateman e Snell (1998), levar equipes a se motivarem a um alto desempenho envolve também o exercício do poder que o líder detiver, e esse poder pode vir de uma ou mais fontes, a saber:

❏ poder legítimo – provém do cargo formal que o líder ocupa de forma permanente na estrutura da empresa, ou para o qual foi designado temporariamente. Essa fonte de poder fica evidente quando conhecemos um gerente de crédito e cobrança e, automaticamente, deduzimos que ele é a pessoa indicada para conversarmos sobre o parcelamento de uma dívida;
❏ poder sobre recompensas – baseia-se na capacidade do líder de conceder prêmios materiais ou sociais, a partir de critérios institucionais, e que acabam por influenciar positivamente o comportamento de indivíduos e grupos. O poder sobre recompensas é exercitado quando um líder indica um integrante de sua equipe para ser promovido e receber um aumento de salário;
❏ poder de coerção ou punição – provém do controle sobre o resultado das atividades desenvolvidas por indivíduos ou grupos e faculta ao líder aplicar punições para comportamentos percebidos como indesejáveis ou resultados considerados insatisfatórios. Quando um líder aplica a penalidade de "adver-

tência" a alguém da equipe, está exercendo o poder de punição. Se alertar a equipe para comportamentos que podem levar a penalidades, então, estará exercendo o poder coercitivo;
- poder de referência – é exercido a partir de características pessoais do líder que despertam a admiração dos outros e o desejo de segui-lo. Trabalhar em determinado setor de uma empresa por causa dos comentários positivos sobre o comportamento do líder na equipe pode ser um objeto de desejo das pessoas de outras áreas. Isso demonstra que esse líder exerce o poder de influência;
- poder de especialização – está fundamentado nos conhecimentos e habilidades externados pelo líder que são valorizados pelos seguidores e que podem lhes servir como modelo de desenvolvimento profissional. Um bom exemplo é do líder que se destaca na empresa pela qualidade das decisões que toma e dos treinamentos que ministra;
- poder de coalizão – o poder de coalizão é um poder de agregação, de mobilização da equipe, dos pares, dos superiores, dos clientes e de outros públicos. Esse poder também pode ser exercido coletivamente. Robbins (2009) explica que essa modalidade de poder, mesmo que seja emulada pela união de pessoas desprovidas de poder, poderá gerar ganhos para todos pelo esforço e exercício do poder coletivo. É o caso, por exemplo, de um líder capaz de conclamar e mobilizar a maioria das pessoas de uma empresa para a realização de um evento de confraternização. A capacidade de coalizão poderia ser, leitor, uma forte base de poder para um líder de equipe voltado para buscar a satisfação do cliente da organização? O que você pensa a esse respeito?

Uma visão diferente do uso do poder, ou melhor, do *mau uso* do poder, vem de Wagner e Hollenbeck (2009). Para esses autores, o mau uso do poder gera o *abuso de poder*, que se caracteriza principalmente pelo desrespeito aos indivíduos. Esses autores defendem que o poder é utilizado adequadamente quando nenhum direito ou liberdade pessoal é sacrificado. Isso significa que se você, leitor, exerce uma função de liderança, deve estar atento às suas atitudes na direção da equipe e dos demais *stakeholders*, de forma a não extrapolar ao fazer uso do poder que lhe foi conferido. Se você, leitor, ainda não exerce um papel de liderança, saiba que é possível desenvolver habilidades para tal.

Desenvolvimento da liderança

O desenvolvimento da liderança desperta a seguinte questão: um líder já nasce líder ou essa competência pode ser desenvolvida? Vamos ver um pouco sobre isso.

É verdade que existe uma grande discussão questionando se a liderança é inata ou adquirida, pois isto implica diferentes estratégias para a construção dos modelos de gestão. A liderança não é inata, porém determinadas características de personalidade de uma pessoa, face às daqueles que pretende liderar, podem facilitar ou dificultar o processo. Uma maior ou menor capacidade de se relacionar também conta.

Outra questão merece destaque: mesmo que um indivíduo reúna todas as habilidades que facilitem o exercício da liderança, haverá ainda a influência das variáveis situacionais, da adequação da equipe e da oportunidade. Isso mostra que não basta, àquele que deseja ser líder, deter a vocação para a liderança ou as competências adquiridas pelos esforços concentrados em treinamento. A capacidade de exercer a liderança pode ser construída, ainda, sobre os pilares da história de vida daquele que tem a oportunidade de vivenciá-la. Pode-se dizer também que as habilidades que uma pessoa possui ou venha a desenvolver poderão ser fortemente afetadas pelos exemplos profissionais acumulados, quer no papel de líder, quer na condição de integrante de uma equipe.

O desenvolvimento de líderes pode ter início no exercício de atividades que não sejam necessariamente de comando, quando se criam oportunidades para que as diferentes pessoas que fazem parte de uma equipe vivenciem papéis de liderança por meio de rodízio de funções, participação em reuniões e substituições temporárias. O líder de uma equipe, ao permitir às pessoas a iniciativa e a tomada de decisão, estará abrindo espaço para que as habilidades de liderança aflorem.

Não obstante capacidades como a tomada de decisão, o planejamento de atividades e muitas outras serem competências que podem ser desenvolvidas, não existem garantias de uma liderança de sucesso, uma vez que não se pode ensinar sentimentos como intuição, tolerância, paixão, entre outras habilidades intrínsecas.

Para Katzenbach, citado por Aburdene (2006), a liderança pode ser desenvolvida por pessoas comuns; não se limita aos escalões superiores. Ela pode ser identificada em todos os níveis ou mesmo externada pelos chamados líderes não eleitos, que dão o verdadeiro significado às mudanças. Ainda para o autor, esses indivíduos "são tecnicamente competentes e orientados a pessoas, flexíveis, loucos por resultados, mestres em motivação e doidos por quebrar regras; muitos estão na faixa dos 25 aos 40 anos e um terço deles é composto por mulheres" (Aburdene, 2006:53).

E quanto a você, leitor? Está preparado, ou preparando-se para se lançar nessa aventura? Vamos avançar mais um pouco.

Desenvolver e aprimorar as competências de liderança é de interesse de todo ocupante de cargo de supervisão. Desenvolver novos líderes também. As sistemáticas mudanças que ocorrem no mundo e no cenário empresarial e as oportunidades de crescimento profissional implicam cada vez mais que o líder seja capaz de deixar como legado uma ou mais pessoas preparadas para assumir a posição que ele está deixando. Isso envolve sua capacidade de multiplicar conhecimentos e experiências e o desprendimento para abrir mão de parcelas de poder, exercitando a delegação. Uma situação real é relatada por Higuchi (1996) em um dos episódios do caso Sensormatic – uma empresa com brilho nos olhos.

O telefone toca no Serviço de Assistência Técnica.

– Sensormatic Assistência Técnica, Ivanda, bom dia. Em que posso ajudar?

– Quem é o chefe? Eu quero falar com o chefe! – diz alguém muito brabo do outro lado da linha.

– Com quem estou falando, por favor? – pergunta Ivanda, com muita simpatia e segurança, apesar dos poucos meses na empresa.

– Aqui é um cliente. E a senhora por acaso é a gerente? (Mais brabo ainda.) Se não for, passa para o gerente!

– Mas qual é o problema, senhor? Eu gostaria de ajudá-lo.

– Não! Não pode! (Já explodindo.) Se quer ajudar, me passe para o gerente, que eu quero resolver o meu problema o mais rápido possível!

– Entendo que o senhor queira falar com o gerente e eu posso lhe passar. Mas se o senhor me der uma chance de tentar ajudá-lo... Imagine que eu consiga resolver seu problema sem precisar passar o senhor para o meu gerente, é bom para o senhor que tem pressa e bom para mim. Mostro que eu também posso resolver problemas e atender bem os clientes. O que o senhor acha disso? Me dá uma chance?

– Como é o nome da senhora mesmo?

– Ivanda. E o seu?

– Meu nome é... Muito bem, dona Ivanda! Você venceu! Confio na senhora. O problema é o seguinte...

Minutos depois, o problema do cliente estava resolvido. A partir daquele dia, a d. Ivanda passou a representar para aquele senhor a presidente que resolve as coisas na Sensormatic (Higuchi, 1996).

Como se vê no exemplo da empresa Sensormatic, as pessoas podem desenvolver a iniciativa e a capacidade de tomar decisões. Entretanto, dependem e muito da confiança de seus líderes para que elas se motivem a exercitar sua ousadia e coragem.

O desenvolvimento das habilidades de liderança deve acompanhar as mudanças e as transformações do mundo moderno. Esse é o pensamento de Charan, Drotter e Noel (2012), que nos alertam para o fato de que, à medida que se diferenciam ou aumentam as complexidades enfrentadas pelos líderes, eles terão de rapidamente rever seu leque de competências e ajustá-lo à nova realidade, seja pelo desenvolvimento de outras competências, seja pelo aprimoramento daquelas que já detêm. Essa proposta, quando colocada diante da excelência no atendimento ao cliente, entra em sintonia, uma vez que o grande diferencial, na atualidade, é ser competente para refinar continuamente a qualidade do atendimento na prestação de serviços.

Competências de liderança para o atendimento ao cliente

Em um mundo em que as mudanças ocorrem de forma imprevisível e turbulenta, o líder deve mobilizar recursos para que o negócio sobreviva. Isso dependerá do nível de qualidade do atendimento prestado por sua equipe, que certamente se refletirá na satisfação do cliente.

Para que o líder seja capaz de dar apoio e inspiração tanto à sua equipe quanto a outras pessoas, suas competências de liderança devem integrar o aprofundamento de relações de confiança e respeito, a capacidade de apresentar exemplos (em vez de técnicas), a capacidade de ouvir, endossar (elogiar e reconhecer), contextualizar (que envolve comunicação, clima, inovação e confiança) e desenvolver pessoas. É o que argumentam Macedo e colaboradores (2012). Os líderes inspiram a criação de uma espécie de coletividade, uma vez que sem dúvida não existirão líderes se não houver seguidores.

Como competências que devem ser desenvolvidas para a formação de líderes, Bennis (1999) define quatro: o gerenciamento da atenção, ou seja, a capacidade de atrair as pessoas e trazê-las para perto de si; o gerenciamento do significado, ou seja, da capacidade de tornar as ideias tangíveis e reais para os outros; o gerenciamento da confiança, que representa a capacidade de se fazer seguir, até pelas pessoas que venham a discordar de seus pontos de vista; e o gerenciamento de si próprio, que representa conhecer a si mesmo, conhecendo e desenvolvendo seus pontos fortes.

Observadas as considerações de Bennis (1999) e levando em conta que estamos falando do líder de equipe que busca a excelência no atendimento ao cliente, alinhamos a seguir um conjunto de competências de liderança, subdividas em competências interpessoais e técnicas, e também algumas competências de atendimento que no nosso entendimento colocam o líder à prova quando necessita interagir com clientes. Veja, leitor.

Competências interpessoais

As competências que abrangem as relações interpessoais parecem acompanhar o conceito de liderança e definir sua capacidade de desenvolver equipes. É preciso que o líder conquiste os corações dos seus seguidores. Para isso, são propostas as competências interpessoais descritas a seguir.

Comunicar-se bem

Somos, como seres humanos, gregários e intercomunicantes. Sozinhos, também agimos, pensamos e até sonhamos fazendo uso de alguma forma de linguagem. Considerando as ações necessárias à formação e condução da equipe e ao dia a dia do líder, realizando os feitos que dele se espera, a comunicação parece ser sua principal competência. Todas as demais irão depender da sua capacidade de se comunicar bem, com clareza e de forma assertiva.

Um líder utiliza a comunicação para praticamente todas as suas tarefas e ações. Como exemplo, destacamos as reuniões que realiza com a equipe e com outras pessoas – da empresa ou não – as entrevistas com futuros colaboradores, o manejo de conflitos, o treinamento da equipe e a condução de processos de mudança.

Conduzir mudanças

O líder é o responsável por conduzir esses processos e realizar a transição entre o velho e o novo. Mudanças, no que parece ser sua rotina, não faltam. A toda hora podem surgir modificações nos processos de trabalho, movimentações de pessoas de um setor para outro, integração de novos indivíduos na equipe, mudanças físicas dos locais de trabalho, apenas para citar algumas.

Vejamos um exemplo. Uma agência de viagens se expandiu e precisou mudar suas dependências para outro bairro, com o dobro do espaço. O líder, antecipando-se às possíveis resistências por parte da sua equipe, comunicou com bastante antecedência, o endereço do novo local de trabalho. Seguiu-se a isso a visitação das novas instalações, a definição dos novos postos de trabalho, finalizando com a celebração das possibilidades de crescimento pessoal e profissional de todos em decorrência das mudanças que foram inevitavelmente necessárias.

Demonstrar bom humor

O bom humor e o mau humor são contagiantes. Cabe ao líder bem-humorado o papel de difusor dessa espécie de contágio emocional no âmbito da equipe. Não é pequeno o número de horas passadas no local de trabalho ou por conta do trabalho na atualidade. É necessário que o líder cultive e encoraje um ambiente de alegria e felicidade, busque pessoas que gostem do trabalho que fazem ou que aprendam a gostar. Isso se faz com um ambiente leve e descontraído, que com certeza irá facilitar o desenvolvimento de uma cultura de confiança e de celebração das realizações da equipe.

Praticar a empatia

Em muitos credos e princípios filosóficos, fala-se da regra de ouro, que postula o seguinte: não faça ao outro o que não deseja para si mesmo. O conceito de empatia se aproxima desse preceito, uma vez que a empatia é a capacidade de um indivíduo se colocar no lugar do outro e, a partir de suas percepções, esforçar-se para entender o comportamento da outra pessoa e perceber como ele é visto por ela. Parece-nos que a empatia é um bom começo para se praticar a liderança de uma equipe, usando o conceito para instigar as pessoas a praticá-la quando realizarem um atendimento a cliente.

Ser humilde

Um líder é uma pessoa comum que ascendeu à posição de liderança. A humildade é denotada pela capacidade do líder de se comunicar com todos, reconhecer falhas, aceitar conselhos e sugestões, desculpar-se, agradecer e demonstrar sua capacidade de aprender. Some-se a isso o desprendimento para compartilhar o que sabe com pessoas da equipe. Um líder de equipe precisa ser humilde o suficiente também para se ver e se posicionar como mais um integrante do grupo, de sorte a priorizar o esforço coletivo em prol da satisfação do cliente.

Um episódio que nos foi narrado dá conta do seguinte: um empresário, ao ver um rapaz encostado na parede da recepção de sua empresa e olhando para o teto, irritou-se e perguntou-lhe:

– Quanto você ganha por mês?

Um tanto surpreso, o rapaz respondeu:

– Dois salários mínimos.

Em seguida, o empresário meteu a mão no bolso, retirou a importância informada, entregou ao rapaz e disse:

– Então pode ir embora. Não quero gente preguiçosa por aqui.

Mesmo sem compreender, o rapaz guardou o dinheiro e se retirou. Depois disso, o empresário se dirigiu à atendente e perguntou:

– Onde esse rapaz trabalhava?

A atendente respondeu:

– Em uma empresa terceirizada, senhor. Ele veio até aqui para avaliar o funcionamento dos aparelhos de ar-condicionado.

Como você pôde observar, leitor, a falta de humildade para se comunicar, fazer perguntas e até mesmo se desculpar custou ao empresário dois salários mínimos e talvez o desconforto de, perante as demais pessoas presentes, se passar por uma pessoa grosseira ou pouco equilibrada.

Despertar motivação

"A motivação é intrínseca, isto é, está dentro de nós", afirma Vergara (2013). A motivação depende de estímulos, ou seja, de motivos que sejam capazes de despertá-la. Cabe ao líder realizar a leitura sistemática das expectativas dos integrantes da sua equipe para oferecer os estímulos adequados, em outras palavras, entregar os motivos para a ação, como afirmam Macedo e colaboradores (2012).

Particularmente, no que tange ao papel do líder no processo motivacional, voltaremos ao tema mais à frente. Você, leitor, está convidado a nos acompanhar.

As competências interpessoais são primordiais na condução das equipes que atendem os clientes. Entretanto, faz-se necessário também o desenvolvimento de algumas competências técnicas e de algumas competências de atendimento.

Competências técnicas

Se um líder reúne competências interpessoais, parece que tem meio caminho andado. Mas o que se pode dizer de um líder que seja extremamente hábil com pessoas, mas que não conheça o negócio da sua empresa e não consiga, por exemplo, fazer uma distribuição justa das tarefas entre as pessoas da equipe ou realizar avaliações de desempenho com imparcialidade? A resposta a essa indagação é que ele precisa unir as competências interpessoais às técnicas. Entre as competências técnicas defendidas por Charan (2007), colocamos em destaque uma mescla daquilo que nos parece de suma importância para gerar e manter a qualidade do atendimento a clientes. Veja a seguir.

Posicionar e reposicionar o negócio

Os líderes devem estar atentos à missão do seu negócio, bem como às tendências que vão se descortinando com o passar do tempo. Posicionar o negócio é identificar o nicho de mercado em que a empresa opera e o tipo de clientes que ela atende. Reposicionar é realizar leituras sistemáticas na direção daquilo que o cliente deseja. Um líder, ao perceber novas tendências, deve, se esforçar para ser o primeiro a testar e aprovar produtos e serviços alternativos, preparar a equipe e sair na frente dos concorrentes, colocando as novidades à disposição dos clientes em primeira mão.

Um passeio por um shopping center nos mostra isso quando observamos uma loja de departamentos. Ao longo do ano, seus dirigentes, atentos e ávidos por surpreender os clientes, estão sempre se antecipando aos períodos festivos ou marcantes. O ano começa com as promoções após as festas natalinas. Em fevereiro, seguem-se as ofertas de produtos para os eventos do Carnaval. Em março vêm os utensílios e materiais escolares. Ainda em março, ou abril, temos a celebração da Páscoa. Mais adiante, em maio, Dia das Mães e, em junho, o Dia dos Namorados e as festas juninas. Chegamos ao meio do ano e julho desponta como um mês típico de férias, ocasião em que a clientela procura por produtos que facilitem suas viagens e lazer. Em agosto, o Dia dos Pais comanda o espetáculo, enquanto em setembro e outubro todas as atenções se voltam para as comemorações do Dia das Crianças. Em novembro, tudo começa a se vestir de vermelho e verde para o Natal, que, em dezembro, irá trazer os clientes para aquele ambiente mágico e iluminado, que contagia a todos e estimula as compras de final de ano.

Conduzir e avaliar pessoas

Existe um dito entre profissionais de gestão de pessoas de que um profissional com desempenho ruim não raro nos faz voltar ao processo de seleção, que pode ter sido ruim. Assim, o primeiro passo é compor a equipe com as pessoas certas, buscando aquelas que denotem a melhor combinação de habilidades para o atendimento ao cliente e que tenham, portanto, as melhores chances de atingir resultados de excelência. A manutenção dos integrantes na equipe ou, quando oportuno e necessário, o rodízio de pessoas por diferentes posições, precisa ser acompanhado e avaliado pelo líder, para que não se perca o vínculo com a primazia no atendimento ao cliente.

Por exemplo: líderes que, ao avaliar o desempenho dos integrantes de sua equipe, o fazem superficialmente, poderão tomar decisões equivocadas ao recomendar alguém para promoção, fazer indicações para participação em treinamentos ou mesmo efetuar demissões. Decisões equivocadas ou parciais podem gerar abalos na equipe, provocando a fragilização da confiança mútua ou criando figuras estereotipadas como o *queridinho do chefe*. Conforme foi mencionado no capítulo 5, isso pode fazer com que a equipe retorne ao estágio de grupo.

Determinar objetivos e prioridades

O líder deve estar atento aos objetivos e metas estabelecidos ou negociados com a equipe. É fundamental que sejam alcançáveis, porém sem provocar a quebra da qualidade dos serviços. Deve auxiliar a equipe a compreender as prioridades, a internalizar a ideia de que devem colocar os interesses do cliente sempre em primeiro lugar e de que é fundamental não perder o foco na excelência.

Um exemplo que pode ser oferecido vem do setor de trocas de uma loja de roupas nos primeiros dias que se seguem a uma data comemorativa. Nessa ocasião, o setor é visitado por um grande número de clientes. Cabe ao líder dividir o trabalho dos atendentes, seja pelo estabelecimento de metas, seja pela qualificação dos clientes, para que o atendimento seja agilizado e não haja perda de qualidade. Essas decisões poderão também impactar a satisfação dos clientes quando, por exemplo, se estipulam critérios para o atendimento, como faixa etária, ordem de chegada ou o provável tempo de espera. A falta de definição de prioridades poderá causar enorme insatisfação a alguns clientes.

Formar novos líderes

O olhar atento do líder não pode se desviar do desempenho da sua equipe. Certamente ele será incumbido de desenvolver as habilidades necessárias à formação de novos líderes, que possam servir tanto à expansão dos negócios quanto substituí-lo quando necessário. A sucessão natural dos líderes de hoje poderá priorizar integrantes da equipe que já estejam preparados para esse voo, uma vez que são pessoas acostumadas a dar o melhor de si, realizando atendimentos de qualidade. Indo além, Charan (2008) sublinha que todo líder deve ser um formador de líderes.

Vamos lembrar um caso publicado pela revista *Veja* (O drama do Bamerindus, 1981) sobre processo sucessório. Em 1981, um acidente aéreo tirou a vida do presidente e do vice-presidente de um banco brasileiro e de três filhos deste último. Uma tragédia para a família e um abalo no mercado financeiro. Conta-se que o pai desses dois executivos e fundador do banco não viajava na companhia dos filhos, justamente por temer que alguma fatalidade pudesse ameaçar a continuidade dos negócios. Após o acidente, a questão do processo sucessório passou a povoar as reuniões empresariais, para se discutir e tomar providências que não só privilegiassem a formação de novos líderes, como também que garantissem a continuidade das empresas, preferencialmente sem arranhar a qualidade dos serviços prestados aos seus clientes.

Até aqui trouxemos a você, leitor, algumas competências interpessoais e algumas competências técnicas entendidas como necessárias ao líder de uma equipe. Entretanto, por mais que esteja afinado com essas competências, ele precisa conhecer, e bem, o cliente que sua equipe atende. Por isso, destacamos algumas competências de atendimento que, no nosso entendimento, poderão complementar as competências já observadas para as relações interpessoais, e também para o âmbito técnico.

Competências para o atendimento ao cliente

Cada líder conduz sua equipe para o atendimento aos clientes. Por melhor e mais preparada que seja essa equipe, é necessário que todos na empresa estejam capacitados para atendê-los, inclusive os ocupantes de cargos de comando e que exercem liderança. Nessa linha, como competências de atendimento, pusemos em destaque as seguintes capacidades: ouvir ativamente, sanar dúvidas e impasses e surpreender o cliente.

Ouvir ativamente

A escuta ativa implica atenção extrema, acompanhando gestos e expressões daquele com quem o líder está se comunicando, em particular o cliente, não deixando que nada lhe escape à percepção. Isso permite que o líder, na qualidade de ouvinte, se aproprie dos detalhes durante uma conversa.

Entre algumas histórias que circulam nos meandros do segmento de hospitalidade, apresenta-se a seguinte situação: um hóspede que passou mais de 10 anos sem frequentar determinado hotel é surpreendido ao chegar, quando o gerente vem pessoalmente recebê-lo e pergunta:

– Fulano de tal, o senhor ainda tem preferência pelos andares mais altos?

Sanar dúvidas e impasses

O líder atua como uma espécie de instância de recursos quando surge alguma dúvida no trabalho da equipe ou um conflito verbal entre o cliente e um profissional que prestou atendimento. Para exercitar essa competência, é de fundamental importância que ele conheça a metodologia de atendimento, o produto ou serviço oferecido e principalmente o cliente.

Para ilustrar, avalie, leitor, o seguinte relato: a atenção do gerente de um restaurante é despertada pela ameaça de discussão entre um cliente e um garçom. O cliente alega que pediu determinado prato, cujo preparo é demorado, mas que em seu lugar recebeu outro prato, que também exigiu um bom tempo até ser servido. Diante do impasse, o gerente tomou a decisão de determinar o preparo do prato desejado, ofereceu um pedido de desculpas ao cliente e o isentou de pagar pela refeição.

Surpreender o cliente

Essa é uma competência que também precisa ser bem disseminada para os integrantes da equipe. O líder, não raro, é solicitado a oferecer um atendimento diferenciado a um cliente antigo ou mais exigente. Para potencializar essa capacidade, ele precisa usar de criatividade, informações pregressas e ousadia.

Uma situação inusitada nos leva até uma família que trocou de hotel na cidade onde costumeiramente passava as férias. Já instalada no novo hotel, a família foi surpreendida por uma cesta de café da manhã, enviada pelo gerente do seu hotel habitual, contendo um cartão em seu nome e de sua equipe de atendimento, com os seguintes dizeres: "Estamos com você, mesmo na concorrência".

E você, leitor, se envolve pessoalmente e mobiliza sua equipe para surpreender seus clientes? Se você respondeu que sim, é sinal de que é motivado para realizar seu trabalho. Falando nisso, a motivação é nosso próximo assunto.

O líder despertando motivação na equipe que atende clientes

O líder de uma equipe que lida diretamente com o público precisa desembaçar suas lentes para ver com muita clareza o que desperta a motivação dos profissionais. Isso poderá servir de incentivo para que eles façam o mesmo com os clientes que irão atender.

Existe uma afirmação de Vergara (2013:42) que já é consagrada quando o assunto é motivação: "ninguém motiva ninguém". Isso significa que a motivação é um processo intrínseco, ou seja, interno, e, no caso da relação do líder com sua equipe de atendimento, cabe a ele provocar o despertar da motivação das pessoas com quem trabalha. Como fazer isso? Você, leitor, teria uma resposta?

Parece que o caminho é oferecer o motivo ou estímulo certo. Significa conhecer as pessoas de sua equipe, entender suas necessidades e desejos e, a partir daí, colocar à disposição de cada um algo que emule essa comoção que vem de dentro para fora, gerando entusiasmo e impulsionando as pessoas na direção de um propósito.

Mas, leitor, será que todo e qualquer estímulo oferecido é capaz de gerar motivação? Provavelmente, não. Se for inadequado, inoportuno ou de alguma forma contrário às expectativas daquele no qual se deseja despertar a motivação, o resultado pode ser outro; em vez de levá-lo à motivação, poderá decepcioná-lo e conduzi-lo à frustração. Quem endossa essa ideia é Bergamini (2013), que acredita ter o superior imediato o poder de influir positiva ou negativamente na motivação da equipe para o trabalho, uma vez que deve ser sensível ao mapa de expectativas motivacionais de cada um. Naturalmente, isso será mais fácil se houver confiança recíproca.

Quando a motivação é despertada, aumentam as chances de o indivíduo exercitar todo o seu potencial para o trabalho. Isso irá colocá-lo na condição de realizar um bom atendimento aos clientes. O reconhecimento por parte do líder desse atendimento de qualidade poderá ensejar o aumento da motivação, potencializando as chances de se alcançar a excelência. Falando em excelência e pensando na motivação para a prestação de um bom serviço, Pink (2010:98) nos brinda com um poema de W. H. Auden:

> Excelência
> Não é preciso ver o que alguém está fazendo
> Pra saber se é sua vocação.
> Repare apenas seu ângulo de visão:
> A cozinheira apurando um molho,
> Um cirurgião, ao realizar a primeira incisão,
> O funcionário preenchendo um recibo de emissão,
> Todos, no rosto, a mesma expressão,
> Esquecidos de si, mergulhados na função.
> Que beleza, isso, não?
> O olhar numa só direção.

A excelência é representada pelo desejo de alguém de ser cada vez melhor naquilo que considera relevante, e a chave para isso é a autonomia, em lugar do controle rigoroso. Esse pensamento de Pink (2010) nos leva a considerar a autonomia que precisa existir no atendimento ao público quando se abrem canais de comunicação entre o cliente e o profissional que o atende. Um líder atento e confiante deve criar oportunidades para que as pessoas de sua equipe possam se desprender de roteiros predefinidos e assim ir ao encontro das reais expectativas dos clientes, de modo que possam satisfazê-las.

Afinal, o que é capaz de motivar as pessoas para a excelência no atendimento? Você arriscaria uma resposta, leitor? Uma coisa é certa: recompensas e punições parecem não funcionar mais como ocorria no século passado.

Para Katzenbach (2003), as recompensas, notadamente as financeiras, se convertem em armadilhas que não geram impacto duradouro e têm mais poder de condicionar comportamentos do que de estimular a excelência. O autor recomenda aos líderes que instilem orgulho institucional na equipe, principalmente nas linhas de frente, onde as pessoas precisam engajar suas emoções para a realização do trabalho. Como exemplo, Katzenbach (2003:129) lembra que "trens limpos produzem empregados orgulhosos, que, por sua vez, melhoram os níveis de serviço, que, por sua vez, atraem mais clientes e mais receita". Então, leitor, gente que se orgulha do que faz vai mais longe, não acha?

Partindo de objetivos diferentes, "a teoria das janelas quebradas", considerada de grande relevância no meio policial e de segurança pública, chega a resultados bem semelhantes. De forma geral, as pessoas conservam o que é limpo, organizado e inteiro, tendendo a depredar objetos e locais deteriorados, sujos e sem conservação.

Segundo Pellegrini (2013), um psicólogo americano deixou um carro estacionado em um bairro de classe alta. Na primeira semana, o veículo permaneceu intacto, mas, após ter uma de suas janelas quebradas, em poucas horas o automóvel estava completamente danificado, sendo logo furtado por marginais. Ampliando a análise situacional, concluiu-se que, se uma janela de uma fábrica ou escritório fosse quebrada e não fosse logo consertada, quem passasse pelo local iria concluir que ninguém se importava com a situação e que não havia autoridade responsável pela manutenção da ordem. Nessa linha, pequenas desordens poderiam levar a grandes desordens e, posteriormente, ao crime. Esse estudo deu origem a várias outras pesquisas, que, na década de 1980, permitiram concluir pela existência de relação de causalidade entre desordem e criminalidade, sendo a imagem das janelas quebradas usada para explicar como a desordem e a criminalidade poderiam pouco a pouco se infiltrar na comunidade e causar sua decadência e a queda da qualidade de vida.

Existem peculiaridades no campo motivacional que foram estudadas para explicar os comportamentos das pessoas quando elas estão motivadas e o reconhecimento ou a recompensa esperada não vêm, causando frustração.

Para preencher o vazio que a frustração provoca, as pessoas lançam mão dos mecanismos de defesa, que são discutidos por Vergara (2013). Segundo a autora, as pessoas podem lançar mão de mecanismos de defesa psicológicos, como a racionalização, a qual pode ser observada quando alguém desdenha uma promoção que não recebeu; podem externar mecanismos de defesa sociológicos, como ir às compras sem necessidade, consumindo exageradamente. Alguns buscam saída nos mecanismos de defesa químicos, como nos casos de abuso no consumo de bebidas alcoólicas. É possível ainda nos defrontarmos com os mecanismos de defesa tecnológicos, praticados por pessoas que dissimulam as frustrações passando horas a fio na internet.

Diante disso, leitor, vale a pena reforçar o seguinte: conheça bem as pessoas da sua equipe de atendimento. Observe o que lhes desperta a atenção e o que gera entusiasmo. Isso poderá ajudá-lo na tarefa de lhes oferecer estímulos adequados e na dose certa.

Neste capítulo, apresentamos os conflitos de entendimento do que é chefia e do que é o efetivo exercício da liderança. Apresentamos alguns conceitos de estilos de liderança que podem ser adotados pelos líderes da atualidade. Vimos que as habilidades de liderança não são necessariamente inatas e que, portanto, podem ser desenvolvidas se houver motivação para tal. Algumas competências de liderança foram propostas, por meio de uma classificação em competências interpessoais, técnicas e de atendimento ao cliente. Ao final, foi discutida a importância do líder para despertar e manter a motivação da equipe.

Conclusão

Como é possível perceber, as relações entre cliente e empresa na história da humanidade mudaram, levando à compreensão da relevância do cliente para as organizações. Foi na Idade Média que se iniciou o relacionamento entre produtor e cliente. Era uma relação de confiança. Existia proximidade entre eles e rápida identificação das necessidades do cliente, que era chamado de freguês.

Para expandir o comércio, surgiu a figura do intermediário, que vendia para outros clientes em outros lugares. Houve então um aumento da produção e ao mesmo tempo um afastamento entre o produtor e o cliente.

Na era contemporânea, após a II Guerra Mundial, com países destruídos, as pessoas tiveram de repor o que tinham perdido. Os clientes não eram exigentes quanto à qualidade do produto. As empresas ditavam as regras, pois era só produzir que os consumidores compravam. Nessa época, as empresas estavam mais interessadas em destruir os concorrentes do que em direcionar o negócio para atender às expectativas e necessidades dos clientes. Os produtos, não raro, eram de má qualidade e tinham um custo alto. Durante longos anos, o cliente foi praticamente ignorado pelas empresas.

Na década de 1970, aconteceu uma grave crise econômica, as vendas diminuíram e os clientes ficaram mais exigentes e seletivos. Os Estados Unidos perceberam que o Japão despontava como pioneiro na qualidade. O resultado é bem conhecido: em 20 anos, o Japão se tornou grande potência econômica, tendo produtos de boa qualidade (falha zero) e com custo menor.

Mais tarde, a informática revolucionou os processos de comunicação, e a globalização da economia deu um verdadeiro choque na competitividade das empresas.

Numa época de transformações velozes, em que a globalização, os avanços tecnológicos e as demandas dos cidadãos estão transformando a maneira como trabalhamos, compramos e descansamos, o autoconhecimento e o autodesenvolvimento se tornaram fundamentais diante da complexidade no interagir com pessoas. A relação entre empresa e cliente expressa uma relação entre pessoas e evidencia a importância de se conhecer o comportamento humano.

Nos anos 1990, por meio do Código de Proteção e Defesa do Consumidor (CDC), consolida-se o direito do cidadão de reivindicar o que lhe é de direito. Assim, com o surgimento do CDC, é regulamentada a relação entre empresa e cliente no Brasil.

Vê-se que os consumidores se organizaram, órgãos de defesa e agências reguladoras foram criados para sua proteção. Hoje, os consumidores mostram que suas vozes têm de ser ouvidas, que a empresa tem de entregar o produto ou serviço que comercializa de acordo com o que foi acordado. Do ponto de vista legal, existe uma norma jurídica que, portanto, deve ser respeitada pelas empresas.

O código de ética é um instrumento relevante para que a relação entre empresa e cliente possa não só obedecer às normas jurídicas como atender a reivindicações sociais, tais como a questão da sustentabilidade socioambiental.

Em se tratando de relações entre pessoas, é possível concluir que a comunicação é fator fundamental. Profissionais devem saber interpretar signos, ou seja, a comunicação verbal e a não verbal, e ter noções de linguística para não criar mal-entendidos e possíveis reclamações do cliente.

Excelência é uma comunhão de esforços, daí a importância do trabalho em equipe e da liderança. Uma equipe motivada é capaz de enfrentar desafios e atender um cliente exigente. Cabe ao líder conduzir e inspirar as pessoas na busca da excelência no atendimento ao cliente.

Atendimento se refere a detalhes e é uma questão complexa, pois envolve pessoas. Elas não são como as máquinas, previsíveis. Atendimento significa receber um cliente com elegância, independentemente do tamanho da empresa; significa mostrar que ele é bem-vindo. É demonstrar-lhe sua importância.

Referências

ABURDENE, Patricia. *Megatrends 2010*: o poder do capitalismo responsável. Rio de Janeiro: Elsevier, 2006.

ALBERONI, Francesco; VECA, Salvatore. *O altruísmo e a moral*. Rio de Janeiro: Rocco, 1992.

ALECIAN, Serge; FOUCHER, Dominique. *Guia de gerenciamento no setor público*. Rio de Janeiro: Reavan; Brasília, DF: Enap, 2001.

ARRUDA, Maria Cecília C. *Código de ética*. São Paulo: Negócio, 2002.

ASHLEY, Patrícia Almeida. *Ética e responsabilidade social nos negócios*. São Paulo: Saraiva, 2002.

ALTITUDE SOFTWARE. *Os sete elementos do melhor serviço de atendimento ao cliente nas mídias sociais*. São Paulo, janeiro 2013. White paper. Disponível em: <http://online.altitude.com/7-elements-br/>. Acesso em: 1 jun. 2014.

BATEMAN, Thomas S.; SNELL, Scott A. *Administração*: construindo vantagem competitiva. São Paulo: Atlas, 1998.

BENDASSOLLI, Pedro F. Entrevista Oded Grajew. *Revista de Administração de Empresas (RAE)*, vol. 4, n. 1, p. 10-13, fev./abr. 2005 Disponível em: <http://rae.fgv.br/sites/rae.fgv.br/files/artigos/3719.pdf>. Acesso em: 2 dez. 2013.

BENNIS, Warren. *A invenção de uma vida*: reflexões sobre liderança e mudança. São Paulo: Publifolha, 1999.

BERGAMINI, Cecilia W. *Motivação nas organizações*. 6. ed. São Paulo: Atlas, 2013.

BOCK, Ana Mercês B.; FURTADO, Odair; TEIXEIRA, Maria de Lourdes T. *Psicologias*: uma introdução ao estudo de psicologia. 14. ed. São Paulo: Saraiva, 2008.

BRAGHIROLLI, Elaine Maria. *Psicologia geral*. 9. ed. Porto Alegre: Vozes, 1990.

BRASIL. Decreto nº 93.714, de 15 de dezembro de 1986. Dispõe sobre a defesa dos direitos do cidadão contra abusos, erros e omissões da administração federal. *Diário Oficial da União*, Brasília, DF, 16 dez. 1986.

_____. Constituição da República Federativa do Brasil de 1988. *Diário Oficial da União*, Brasília, DF, 5 out. 1988.

_____. Lei nº 8.078, de 11 de setembro de 1990. Dispõe sobre a proteção do consumidor e dá outras providências. *Diário Oficial da União*, Brasília, DF, 12 set. 1990. Edição extra.

_____. Decreto nº 2.181, de 20 de março de 1997. Dispõe sobre a organização do Sistema Nacional de Defesa do Consumidor (SNDC)... *Diário Oficial da União*, Brasília, DF, 21 mar. 1997.

_____. Decreto nº 6.523, de 31 de julho de 2008. Regulamenta a Lei nº 8.078, de 11 de setembro de 1990, para fixar normas gerais sobre o serviço de atendimento ao consumidor (SAC). *Diário Oficial da União*, Brasília, DF, 1 ago. 2008.

_____. Lei nº 12.305, de 2 de agosto de 2010. Institui a política nacional de resíduos sólidos, altera a Lei nº 9.605 de 12 de fevereiro de 1998 e dá outras providências. *Diário Oficial da União*, Brasília, DF, 3 ago. 2010.

_____. Decreto nº 7.962, de 15 de março de 2013. Regulamenta a Lei nº 8.078, de 11 de setembro de 1990, para dispor sobre a contratação de comércio eletrônico. *Diário Oficial da União*, Brasília, DF, 15 mar. 2013. Edição extra.

BRENNER, Charles. *Noções básicas de psicanálise*: introdução à psicologia psicanalítica. São Paulo: Imago, 1987.

BROWN, P.; LEVINSON, S. *Politeness*: some universals in language usage. Cambridge: Cambridge University Press, 1987.

CAVALCANTI, Vera Lucia et al. *Liderança e motivação*. 3. ed. Rio de Janeiro: FGV, 2009.

CAVALIERI FILHO, Sérgio. O direito do consumidor no limiar do século XXI. *Revista de Direito do Consumidor*, São Paulo, n. 35, p. 97-108, 2000.

CHARAN, Ram. *Know-how*: as oito competências que separam os que fazem dos que não fazem. Rio de Janeiro: Elsevier, 2007.

_____. *O líder criador de líderes*: a gestão de talentos para garantir o futuro e a sucessão. Rio de Janeiro: Elsevier, 2008.

CHARAN, Ram; DROTTER, Stephen; NOEL, Jams. *Pipeline de liderança*: o desenvolvimento de líderes como diferencial competitivo. 2. ed. São Paulo: Campus, 2012.

CHAUVEL, Marie Agnes. *Representações e lógicas de ação do consumidor insatisfeito*. Tese (doutorado) – Instituto de Pós-Graduação e Pesquisa em Administração da Universidade Federal do Rio de Janeiro (Coppead/UFRJ), Rio de Janeiro, 1999.

COMM, Joel. *O poder do twitter*. São Paulo: Gente, 2009.

DAMATTA, Roberto. *Carnavais, malandros e heróis*: para uma sociologia do dilema brasileiro. 6. ed. Rio de Janeiro: Rocco, 1997.

DIMITRIUS, Jo-Ellan; MAZZARELLA, Wendy P. *Decifrar pessoas*: como prever e entender o comportamento humano. Rio de Janeiro: Elsevier, 2009.

DYER, William G.; DYER JR., William G.; DYER, Jeffrey H. *Equipes que fazem a diferença (team building)*. São Paulo: Saraiva, 2011.

E-BIT. *WebShoppers*: o relatório mais sólido e respeitado sobre o comércio eletrônico. S.l., 2013. Disponível em: <www.ebit.com.br/webshoppers>. Acesso em: 14 abr. 2014.

EKMAN, Paul. *A linguagem das emoções*. São Paulo: Lua de Papel, 2011.

FERREIRA, Buarque de Holanda. *Dicionário Aurélio da língua portuguesa*. 5. ed. Curitiba: Positivo, 2010.

FORD, Lisa; MCNAIR, David; PERRY, Bill. *O excepcional atendimento ao cliente*: como ir além do bom atendimento e exceder as expectativas dos clientes. São Paulo: Edicta, 2005.

FREUD, S. Psicologia de grupo e a análise do ego. In: _____. *Obras completas*. Rio de Janeiro: Imago, 1996. v. XVIII.

FUNDAÇÃO DE PROTEÇÃO E DEFESA DO CONSUMIDOR (PROCON-SP). *Cadastro de reclamações fundamentadas 2013*. Procon-SP, São Paulo, 2014. Disponível em: <www.procon.sp.gov.br/pdf/kit_imprensa_2013.pdf.>Acesso em: 14 abr. 2014.

GABRA, Sandra M. M.; ROSSI, Denise B. *Ouvidoria pública no Estado do Rio de Janeiro*. Trabalho de conclusão de curso (pós-graduação em administração pública) Cipad, Fundação Getulio Vargas, Rio de Janeiro: 2007. Disponível em: <www.ecg.tce.rj.gov.br/arquivos/19222.pdf>. Acesso em: 29 abr. 2014.

GARDNER, Howard. *Inteligências múltiplas*: a teoria na prática. Porto Alegre: Artes Médicas, 1995.

GARVIN, David A. *Gerenciando a qualidade*: a visão estratégica e competitiva. Rio de Janeiro: Qualitymark, 2002.

GOMES, Marcos. Marca não deve responder reclamações públicas nas redes sociais. *ProXXIma Meio e Mensagem*, 18 jun. 2012. Disponível em: <www.proxxima.com.br/proxxima/negocios/noticia/2012/06/18/Marca-nao-deve-responder-reclamacoes-publicas-nas-redes-sociais-.html>. Acesso em: 18 out. 2013.

GONÇALVES, Vera Olímpia. *Terceirização*: trabalho temporário – orientação ao tomador de serviços. Brasília: MTE, SIT, 2001.

GRAHAM, Pauline (Org.). *Mary Parker Follet*: profeta do gerenciamento. Trad. Eliana Hiocheti e Maria Luiza de Abreu Lima. Rio de Janeiro: Qualitymark, 1997.

GURGEL, Claudio; RODRIGUEZ, Vicente R. Y. *Administração*: elementos essenciais para a gestão das organizações. São Paulo: Atlas, 2009.

HIGUCHI, Raul. *Sensormatic*: uma empresa com brilho nos olhos. Concurso Nacional de Estudos de Casos em Administração e Finanças. Prêmio Mário Henrique Simonsen. Rio de Janeiro: FGV/Abamec, 1996. Caso 35.

HUBERMAN, Leo. *História da riqueza do homem*. Rio de Janeiro: LTC, 2012.

IBOPE. O comércio eletrônico brasileiro. *Portal institucional*, [s.l.], 29 dez. 2013. Disponível em: <www.ibope.com.br/pt-br/conhecimento/Infograficos/Paginas/O-Comercio-Eletronico-Brasileiro.aspx.> Acesso em: 14 abr. 2014.

IKEDA, Patrícia. De mãos dadas com o cliente. *Exame*, São Paulo, ed. 1051, ano 47, n. 19, p. 94-96, 16 out. 2013.

INSTITUTO BRASILEIRO DE ANÁLISES SOCIAIS E ECONÔMICAS (IBASE). Mensagem do Ibase. *Portal institucional*, Rio de Janeiro, 17 dez. 2009. Disponível em: <www.balancosocial.org.br/cgi/cgilua.exe/sys/start.htm?infoid=166&sid=12>. Acesso em: 27 nov. 2013.

_____. Ações históricas: balanço social. *Portal institucional*, Rio de Janeiro, [s.d.]. Disponível em: <www.ibase.br/pt/2011/07/balanco-social/>. Acesso em: 27 nov. 2013.

INSTITUTO BRASILEIRO DE GEOGRAFIA E ESTATÍSTICA (IBGE). População brasileira deve chegar ao máximo (228, 4 milhões) em 2042. *Portal Institucional*, Rio de Janeiro, 29 ago. 2013. Disponível em: <http://saladeimprensa.ibge.gov.br/noticias?view=noticia&idnoticia=2455>. Acesso em: 29 set. 2013.

INSTITUTO ETHOS. *Guia para elaboração de balanço social e relatório de sustentabilidade 2007*. São Paulo: Ethos, 2007. Disponível em: <www.uniethos.org.br/_Uniethos/Documents/GuiaBalanco2007_PORTUGUES.pdf>. Acesso em: 5 abr. 2014.

_____. *Indicadores Ethos de responsabilidade social empresarial*. São Paulo: Ethos, 2013. Disponível em: <www3.ethos.org.br/wp-content/uploads/2013/07/IndicadoresEthos_2013_PORT.pdf>. Acesso em: 5 nov. 2013.

INTERNATIONAL ORGANIZATION FOR STANDARDIZATION (ISO). ISO 14000: Sistema de Gestão Ambiental – especificações com guia para uso. Genebra: ISO, 1993. Disponível em: <http://pactoglobal-creapr.files.wordpress.com/2010/10/iso-14000-sist-gerenc-ambiental.pdf>. Acesso em: 5 nov. 2013.

KATZENBACH, Jon R. *Equipes campeãs*: desenvolvendo o verdadeiro potencial de equipes e líderes. Rio de Janeiro: Campus, 2001.

_____. *Orgulho*: o poder da maior força de motivação do mundo. Rio de Janeiro: Campus, 2003.

KETS DE VRIES, Manfred F. R.; MILLER, Danny. Relações de transferência na empresa: confusões e atritos no processo decisório. In: CHANLAT, Jean-François (Org.). *O indivíduo na organização*: dimensões esquecidas. São Paulo: Atlas, 1996.

KINICKI, Angelo; KREITNER, Robert. *Comportamento organizacional*. 2. ed. São Paulo: McGraw-Hill, 2006.

KRECH, D.; CRUTCHFIELD, R. *Elementos de psicologia*. São Paulo: Pioneira, 1980.

LEAL, Ana L. O consumidor também acordou. *Exame*, ed. 1046, 7 ago. 2013. Disponível em: <http://exame.abril.com.br/revista-exame/edicoes/1046/noticias/o-consumidor-tambem-acordou?page=1>. Acesso em: 13 nov. 2013.

LÉVY, Pierre. *Cibercultura*. São Paulo: Editora 34, 2009.

LIMEIRA, Tânia M. Vidigal. *E-marketing*: o marketing na internet com casos brasileiros. São Paulo: Saraiva, 2005.

LOPES, Miguel. Sete tendências para contato com o cliente até 2015. *Altitude Software*, São Paulo: 17 abr. 2013. White paper. Disponível em: <www.altitude.com/br/noticias-y-eventos-topmenulatinamerica-1713/news-topmenulatinamerica-1714/150-brasileiro/2025-altitude-software-apresenta-tendencias-de-contato-com-o-cliente-ate-2015.html>. Acesso em: 1 jun. 2014.

MACEDO, Ivanildo I. et al. *Aspectos comportamentais da gestão de pessoas*. 9. ed. Rio de Janeiro: FGV, 2007.

_____. *Gestão de pessoas*. Rio de Janeiro: FGV, 2012.

MARQUES, Sebastião F. P. Ranking da corrupção global 2012: os 10 países mais honestos e os 10 países mais corruptos do planeta.

Matutando, 2013. Disponível em: <www.matutando.com/ranking-da-corrupcao-global-2012-os-10-paises-mais-honestos-e-os-10-paises-mais-corruptos-do-planeta>. Acesso em: 2 dez. 2013.

MAXWELL, John C. *O líder 360º*: como desenvolver seu poder de influência a partir de qualquer ponto da estrutura corporativa. Rio de Janeiro: Thomas Nelson Brasil, 2007.

MAYER, Roger C.; DAVIS, James H.; SHOORMAN, David F. An integrative model of organization trust. *Academy of Management Review*, v. 20, n. 3, p. 709-734, 1995.

MCALLISTER, Daniel. Affect- and cognition-based trust as foundations for interpersonal cooperation in organizations. *Academy of Management Journal*, v. 38, n. 1, p. 24-59, 1995.

MELO NETO, Francisco Paulo de; FROES, César. *Responsabilidade social e cidadania empresarial*. Rio de Janeiro: Qualitymark, 1999.

MOLLER, Horst D.; VITAL, Tales. Os impactos da crise global 2008/2009 e da crise da área do euro desde 2010 sobre a balança comercial brasileira. *Revista de Administração, Contabilidade e Economia da Fundace*, Ribeirão Preto, SP, ed. 7, ago. 2013. Disponível em: <www.fundace.org.br/artigos_racef/artigo_03_07_2013.pdf>. Acesso em: 29 set. 2013.

MONTEIRO, Luiz. A internet como meio de comunicação: possibilidades e limitações. In: XXIV Congresso Brasileiro da Comunicação, XXIV., 2001, Campo Grande, MS. *Anais...* São Paulo: Sociedade Brasileira de Estudos Interdisciplinares da Comunicação (Intercom), 2001. Disponível em <www.portal-rp.com.br/bibliotecavirtual/comunicacaovirtual/0158.pdf>. Acesso em: 1 out. 2013.

MORAES, Dênis. *Sociedade midiatizada*. Rio de Janeiro: Mauad, 2006.

MORENTE, Manuel Garcia. *Fundamentos de filosofia*: lições preliminares. São Paulo: Mestre Jou, 1980.

MORIN, Estelle M.; AUBÉ, Caroline. *Psicologia e gestão*. São Paulo: Atlas, 2009.

MOSCOVICI, Fela. *Equipes dão certo*: a multiplicação do talento humano. 11. ed. Rio de Janeiro: José Olympio, 2007.

_____. *Desenvolvimento interpessoal*: treinamento em grupo. 19. ed. São Paulo: José Olympio, 2010.

MOURA, Reinaldo Aparecido; BANZATO, José Maurício. *Jeito inteligente de trabalhar*: just-in-time, a reengenharia dos processos de fabricação. São Paulo: Imam, 1994.

NICHOLSON, Nigel. *Instinto executivo*: por que alguns são líderes e outros são liderados. Rio de Janeiro: Campus, 2001.

NORÕES, Nágela Maria dos Reis. *Ouvidoria em saúde*: guia de implantação. Fortaleza: Secretaria da Saúde do Estado, 2002.

O DRAMA do Bamerindus. *Veja*, São Paulo, ed. 674, p. 84-86, 5 ago. 1981.

OHNO, Taiichi. *O sistema Toyota de produção*: além da produção em larga escala. Porto Alegre: Bookman, 1997.

OWEN, Jo. *A arte de influenciar pessoas*. São Paulo: Lafonte, 2011.

PASSADORI, Reinaldo. A arte de dominar ideias. *T & D*, 18 out. 2001.

PATTERSON, Kerry et al. *Conversas decisivas*. São Paulo: Texto, 2010.

PELLEGRINI, Luis. Janelas quebradas: uma teoria do crime que merece reflexão. *Brasil 247 com*, 2 out. 2013. Disponível em: <www.brasil247.com/pt/247/revista_oasis/116409/Janelas-Quebradas-Uma-teoria-do-crime-que-merece-reflex%C3%A3o.htm>. Acesso em: 14 abr. 2014.

PIMENTA, Angela. Pelé, Sena e agora Gisele. A história de sucesso da gaúcha de 19 anos que se tornou a mais requisitada modelo do milionário mundo da moda. *Revista Veja*, ed. 1626, ano 32, n. 48, p. 166-173, 1 dez. 1999.

PINE, B. Joseph. *Personalizando produtos e serviços*: customização maciça. Trad.: Edna Emi Onoe Veiga. São Paulo: Makron Books, 1994.

PINK, Daniel H. *Motivação 3.0*: os novos fatores motivacionais para a realização pessoal e profissional. Rio de Janeiro: Elsevier, 2010.

PINTO, Luiz Fernando da Silva. *Gestão cidadã*: ações estratégicas para a participação social no Brasil. 2. ed. Rio de Janeiro: FGV, 2002.

REIS, Ana Maria V. et al. *Desenvolvimento de equipes*. 2. ed. Rio de Janeiro: FGV, 2009.

RIO DE JANEIRO (Estado). Lei nº 4.223, de 24 de novembro de 2003. Determina obrigações às agências bancárias no espaço geográfico do estado do Rio de Janeiro em relação aos seus usuários e dá outras providências. *Diário Oficial do Estado do Rio de Janeiro*, Rio de Janeiro, 26 nov. 2003. Disponível em: <http://gov-rj.jusbrasil.com.br/legislacao/136189/lei-4223-03>. Acesso em: 29 abr. 2014.

ROBBINS, Harvey; FINLEY, Michael. *Por que equipes não funcionam*: o que não deu certo e como torná-las criativas e eficientes. Rio de Janeiro: Campus, 1997.

ROBBINS, Stephen P. *Fundamentos do comportamento organizacional*. 8. ed. 1. reimp. São Paulo: Pearson, 2009.

_____; JUDGE, Timothy A.; SOBRAL Filipe. *Comportamento organizacional*: teoria e prática no contexto brasileiro. 14. ed. São Paulo: Pearson, 2010.

SACHS, Jeffrey; ZINI JR., Álvaro. A inflação brasileira e o Plano Real. *Revista de Economia Política*, v. 15, n. 2, p. 26-49, abr./jun. 1995. Disponível em: <www.rep.org.br/PDF/58-3.PDF>. Acesso em: 20/10/2013.

SÃO PAULO (Estado). Lei nº 13.226, de 7 de outubro de 2008. Institui no âmbito do Estado de São Paulo, o Cadastro para o Bloqueio do Recebimento de Ligações de Telemarketing. *Diário Oficial do Estado de São Paulo*, São Paulo, 8 out. 2008, seção I, p. 1. Disponível em: <http://www.procon.sp.gov.br/texto.asp?id=2690>. Acesso em: 29 set. 2013.

SCHERMERHORN JR., John R.; HUNT, James G.; OSBORN, Richard N. *Fundamentos de comportamento organizacional*. 2. ed. Porto Alegre: Bookman, 1999.

SECRETARIA DE COMUNICAÇÃO SOCIAL DA PRESIDÊNCIA DA REPÚBLICA (SECOM). *Manual de orientação para atuação em redes sociais*. Brasília, DF: Secom, 2012. Disponível em: <www.egov.ufsc.br/portal/sites/default/files/secommanualredessociaisout2012.pdf>. Acesso em: 14 abr. 2014.

SINGH, Jagdip. Consumer complaint intentions and behavior: definitional and taxonomical issues. *Journal of Marketing*, v. 52, n. 1, p. 93-108, 1998.

SWIFT, Ronald. *CRM*: o revolucionário marketing de relacionamento com o cliente. Rio de Janeiro: Campus, 2001.

TELLES, J. Aprendendo a gerir com Mary Parker Follett. *RH.com.br*, São Paulo, 29 de jan. 2007. Disponível em: <www.rh.com.br/Portal/Grupo_Equipe/Artigo/4645/aprendendo-a-gerir-com-mary-parker-follett.htm#>. Acesso em: 14 abr. 2014.

THIRY-CHERQUES, Hermano R. *Ética para executivos*. Rio de Janeiro: FGV, 2009.

TODESCHINI, Marcos; SALOMÃO, Alexa. Um mergulho na nova classe média. *Época Negócios*, 4 nov. 2009. Disponível em: <http://epocanegocios.globo.com/Revista/Common/0,,EMI102795-16380-,00-UM+MERGULHO+NA+NOVA+CLASSE+MEDIA.html>. Acesso em: 29 set. 2013.

UHLMANN, Gunter Wilhelm. *Administração*: das teorias administrativas à administração aplicada contemporânea. São Paulo: FTD, 1997.

VERGARA, Sylvia C. *Gestão de pessoas*. 14. ed. São Paulo: Atlas, 2013.

VERGARA, Sylvia Helena C. *Impacto dos direitos dos consumidores nas práticas empresariais*. Rio de Janeiro: FGV, 2003.

VIEIRA, Eduardo. *Os bastidores da internet no Brasil*. São Paulo: Manole, 2003.

VOLPI, Alexandre. *Na trilha da excelência*: vida de Vera Giangrande. Rio de Janeiro: Negócio, 2002.

VOLPI NETO, Ângelo. *Comércio eletrônico*: direito e segurança. Curitiba: Juruá, 2003.

WAGNER, John A.; HOLLENBECK, John R. *Comportamento organizacional*: criando vantagem competitiva. 2. ed. São Paulo: Saraiva, 2009.

WESTBROOK, R. A.; OLIVER, R. L. The dimensionality of consumption emotion patterns and consumer satisfaction. *Journal of Consumer Research*, v. 18, p. 667-676, jun. 1991.

XAVIER, Luiza; COSTA, Daiane. Redes sociais: desabafar adianta, mas registro formal é o que vale. *O Globo*, 8 jul. 2013. Disponível em: <http://oglobo.globo.com/economia/defesa-do-consumidor/redes-sociais-desabafar-adianta-mas-registro-formal-o-que-vale-8938740> Acesso em: 14 abr. 2014.

ZÜLZKE, Maria Lucia. *Abrindo a empresa para o consumidor*. 3. ed. Rio de Janeiro: Qualitymark, 1991.

Os autores

Sylvia Helena Constant Vergara

Mestre em gestão empresarial pela Escola Brasileira de Administração Pública e de Empresas da Fundação Getulio Vargas (Ebape/FGV), MBA em recursos humanos pela FGV, bacharel em direito pela Universidade Estácio de Sá, graduada em pedagogia pela Universidade Gama Filho. Professora autora do Curso de Atendimento ao Cliente do FGV Online. Título benemérito concedido pela Associação Pró-Consumidor na Campanha Mania de Bom Atendimento. Premiada pela Associação Brasileira de Recursos Humanos com o artigo intitulado "Energia radiante". Autora de diversos artigos publicados. Possui experiência no âmbito gerencial de empresas privadas. Autora do livro *Impacto dos direitos dos consumidores nas práticas empresariais*. Professora convidada do FGV Management e do Cademp da Fundação Getulio Vargas no Curso de Excelência no Atendimento ao Cliente.

Denize Ferreira Rodrigues

Doutora em administração pela Universidad Nacional de Rosario (UNR), mestre em administração pelo Instituto Coppead de Administração da Universidade Federal do Rio de Janeiro (UFRJ) e graduada em administração e economia pelo Centro Universitário Augusto Motta (Unisuam). Sua experiência inclui a docência no ensino superior na UFRJ e na Universidade do Estado do Rio de Janeiro (Uerj), a direção da área de recursos humanos de universidade privada e projetos de consultoria e de treinamento para diversas organizações. Professora convidada do FGV Management. Autora de artigos técnicos e coautora dos livros: *Aspectos comportamentais da gestão de pessoas* e *Gestão de pessoas*.

Helena Correa Tonet

Doutora em psicologia e mestre em administração pela Universidade de Brasília (UnB). Especialista em psicopedagogia pela UnB. Especialista em educação continuada e a distância e em avaliação de instituições de ensino e de docentes pela UnB. Especialista em administração pública (Cipad) pela FGV. Graduada em comunicação pela Faculdade de Filosofia, Ciências e Letras de Santos e em administração pública e de empresas pela Associação de Ensino Unificado do Distrito Federal. Consultora em gestão de empresas e organizações. Professora convidada do FGV Management.